AF389973

VIRTUTE NON VERBIS

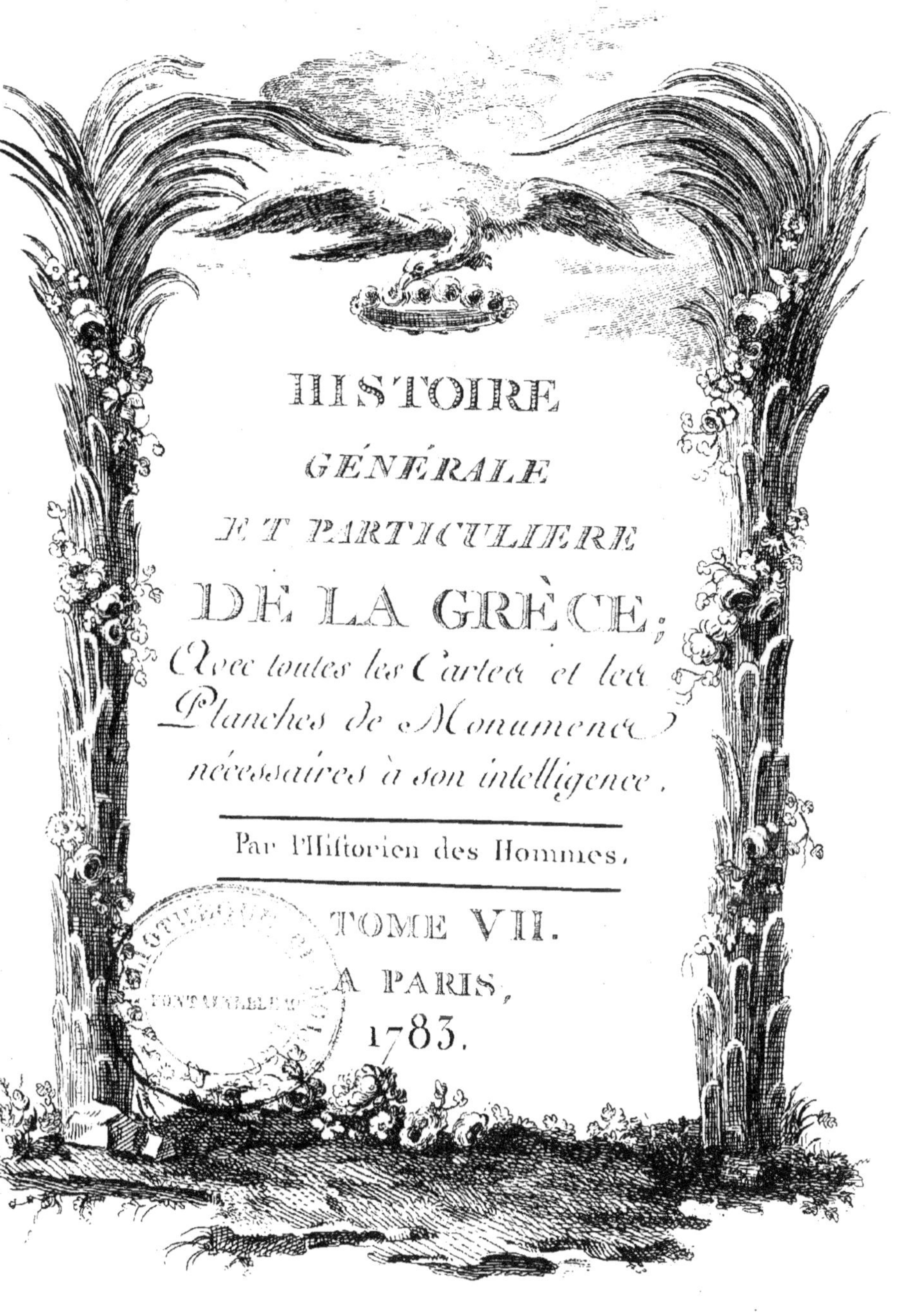

HISTOIRE
GÉNÉRALE
ET PARTICULIERE
DE LA GRÈCE;
Avec toutes les Cartes et les
Planches de Monumens
nécessaires à son intelligence.
Par l'Historien des Hommes.
TOME VII.
A PARIS,
1783.

HISTOIRE

DE

LA GRÈCE.

HISTOIRE D'AGÉSILAS (a).

Lacédémone a offert, à nos crayons, l'histoire d'un Législateur, celle de plusieurs Héros guerriers ; il nous manquait celle d'un Roi, & nous l'allons trouver dans la vie d'Agésilas.

(a) Xenoph. Hellen. lib. 3 & 4 ; *Plutarch.* in Agesil. & Lysand.

La Nature n'avait rien fait pour Agéſilas, du moins aux yeux d'une ville telle que Lacédémone, qui jugeait de l'ame de ſes Rois, par leur beauté ; il était d'une petite taille, d'une mine baſſe, & outre cela boîteux. Sa taille bleſſait ſur-tout les regards de ſes concitoyens : ils avaient de la peine à concevoir qu'on pût deſcendre d'Hercule, quand on n'avait pas ſix pieds. Leur délicateſſe, à cet égard, était telle, que les Ephores condamnèrent Archidame II, père de notre Héros, à une amende, parce qu'il avait épouſé une femme de petite ſtature. *Lacédémone*, diſaient-ils dans leur langage populaire, mais énergique, *doit avoir des Rois ſur ſes trônes, & non des Roitelets.*

Agéſilas ne fut que le ſecond fils d'Archidame, & comme la Loi ne l'appellait point à régner, on l'éleva, ainſi que le dernier d'entre les citoyens, dans toute la rigueur de la diſcipline de Lycurgue ; ainſi, il apprit à obéir, avant d'apprendre à commander, ce qui était sur-tout nécessaire pour un Roi de Lacédémone.

Le peu d'intérêt qu'offrait la physionomie d'Agésilas, fut probablement ce qui l'empêcha de permettre qu'on la transmît à la postérité, par des tableaux ou des statues : *Je ne veux*, disait - il, *d'autres monumens que la mémoire de mes exploits* C'est ainsi que la vanité parle quelquefois le langage de la grandeur d'ame, & ce langage est si beau, qu'à peine sent - on la nécessité de le pardonner, à celui qui usurpe le droit d'en faire usage.

Au reste, Agésilas rachetait, par un grand nombre de qualités, le défaut physique de son organisation ; son imagination brillante, qui se répandait en saillies heureuses, son inaltérable gaité, la douceur de son commerce, tout lui ramenait les cœurs qu'éloignait sa vue ; on ne pouvait attacher ses regards sur sa personne, sans se permettre un souri de pitié ; il parlait , & tout le monde était subjugué.

L'enfance de l'être le plus contrefait, a toujours quelque chose d'aimable. Lyſandre, qui fit ſes premiers exercices avec Agéſilas, le choiſit pour ſon amant , c'eſt - à - dire pour ſon compagnon d'armes, & pour le confident de ſes penſées, & cette amitié tendre valut, dans la ſuite, à notre Héros, un des trônes des Héra-clides.

Nous avons vu qu'à la mort d'Agis , Léotychide , héritier préſomptif de ſa couronne , fut déclaré incapable de gouverner , parce que ſa mère elle-même le reconnaiſſait pour fils d'Alcibiade ; Lyſandre, qui n'avait pas encore laiſſé mûrir tous ſes projets ambitieux , n'oſant envahir le trône pour lui-même , l'envahit pour Agéſilas, & à ce titre, il eut quelque droit à la reconnaiſſance de Lacédémone.

Le projet, d'abord, ne ſemblait pas facile : il y avait un ancien oracle que la ſuperſtition faiſait valoir contre le Roi proposé par Lysandre : *Sparte , disait le dieu de la Pythie , tu t'énorgueillis de ta démarche fière & assurée ; mais tremble qu'il ne naisse un jour de toi un règne boiteux , qui ternisse ta gloire.* Lysandre interpréta l'oracle , ce qui , auprès d'un peuple crédule , valait encore mieux que d'en montrer l'imposture ; *il ne s'agit , dit-il , dans ce texte sacré , que de Léotychide , & non d'Agésilas. Les dieux , protecteurs de Lacedémone , s'inquiètent fort peu que ses trônes soient occupés par des Princes boiteux , mais ils ne veulent pas que la race d'Hercule dégénère. Le règne désastreux que nous fait craindre l'oracle , ne désigne donc pas un Roi contrefait , mais un Roi illégitime.*

Agésilas fut couronné , & le jour même , on le mit en possession de tous les biens , dont le défaut de naissance excluait Léotychide ; mais ce Prince , voyant qu'un tel jugement allait réduire à l'indigence une branche des Héraclides , partagea avec elle cette riche succession , générosité qui lui gagna encore plus de cœurs, que l'éloquence de Lyſandre.

Agéſilas acheva de détruire les préſages ſiniſtres que l'oracle pouvait avoir fait naître, en établiſſant la plus parfaite harmonie entre tous les chefs du Gouvernement. Le Sénat, compoſé, depuis Lycurgue, de Magiſtrats à vie, qui, oppoſaient une barrière éternelle à la puiſſance du trône, avait toujours été regardé de mauvais œil par les Héraclides : le nouveau Roi n'épouſa point cette haine héréditaire; il accueillit, avec toute ſorte de diſtinctions, les Membres de cette compagnie, il les conſulta en tout, & en deſcendant ainſi, juſqu'à ſe faire leur égal, il releva réellement ſa dignité, plus que n'avait jamais fait aucun de ſes prédéceſſeurs.

Les Ephores, qu'on peut regarder comme les Tribuns de Lacédémone, n'étaient en charge qu'un an; mais ces Repréſentans du peuple, dépoſaient les Rois, quand le bien de l'Etat l'exigeait.

Agésilas mesura ses procédés avec eux,
de manière qu'il ne parut ni les braver,
ni les craindre; enveloppé dans sa vertu,
il attendit toujours la tranquillité de son
trône, de celle qu'il procurait à sa République.

Le bonheur de Lacédémone, sous un
règne si sage, parut un phénomène, dans
un législation aussi active que celle de
Lycurgue; on crut que le mouvement de
la machine politique était arrêté, parce
qu'on avait adouci les frottemens dans la
marche des rouages, & Agésilas fut condamné à une amende : le motif, que les
Ephores donnèrent de ce jugement étrange, fut *que le Monarque avait réuni tous
les cœurs, que l'intérêt de l'Etat devait
diviser.* On sent qu'un pareil fait ne peut
se trouver que dans l'histoire de Lacédémone (*a*).

(*a*) Il faut voir, dans Plutarque *in Agésil.*,
comment ce Philosophe justifie cette audace des
Ephores.

Agéſilas, outre les vertus pacifiques
dont il fut puni, déploya auſſi des vertus
guerrières, plus faites pour flatter ſa République ; ſa première expédition fut
contre les Perſes, qui armaient une puiſſante flotte, pour ôter, à ſa patrie, l'empire des mers : il ne demanda que trente
Capitaines de Sparte, pour lui ſervir de
conſeil, deux mille Hilotes, qui venaient
d'acquérir le droit de bourgeoiſie, & ſix
mille alliés ; avec cette petite armée, il

» La Phyſique prétend que ſi la guerre & la
» diſcorde étaient bannies de l'Univers, tous
» les corps céleſtes s'arrêteraient, & leurs in-
» fluences ſeraient ſuſpendues ; une harmonie ſi
» parfaite ferait naître le repos abſolu, & par
» conſéquent la deſtruction des êtres : c'eſt d'après
» ces principes que Lycurgue jetta, dans ſon
» Gouvernement, l'ambition & la jalouſie,
» comme des ſemences de vertu : il voulut
» que les Spartiates fuſſent toujours oppoſés
» entr'eux, ſans ceſſer d'être bons citoyens, &
» cette facilité, qui conſiſte à ſe céder toujours
» mutuellement ſans ſe contredire, lui parut,
» non de la concorde, mais de la lâcheté «.

alla , en Afie , défier le Roi des Rois , & débarqua en Aulide.

L'hiftorien d'Agéfilas, qui, malgré toute fa philofophie , aime à raconter des fonges , comme s'il y ajoutait foi, prétend que fon héros crut voir , la nuit , une efpèce de génie , qui lui dit : ” Roi de ” Lacédémone , tu es le feul , depuis ” Agamemnon , à qui on ait déféré le ” titre de Général de toute la Grèce ; tu ” pars de l'Aulide , comme lui , pour ” mefurer la carrière de la gloire : ap- ” prends que les dieux attendent de toi ” le facrifice d'une feconde Iphigénie «.

Agéfilas fit part, le matin, aux Grecs, de fon rêve myftérieux ; & il leur dit, que fans imiter le vainqueur de Troye, il faurait bien faire couler, aux autels, un fang cher à la divinité de l'Aulide. En même-tems , il fe fit amener une biche , la couronna de guirlandes , & ordonna, à fon devin , de l'immoler. Malheureufement il y avait un Prêtre Béotien , à qui appartenait le droit exclusif de faire de pareils sacrifices : ses concitoyens épousèrent son ressentiment, & vinrent renverser l'autel , ce qui parut un présage sinistre , même à Agésilas , que ses lumières devaient cependant avoir aguerri contre les terreurs de la crédulité.

L'armée, de l'Aulide vint à Ephèse, & Lysandre semblait en diriger tous les mouvemens. Comme le nom de ce fameux scélérat était la terreur de l'Asie mineure, on lui faisait une cour bien plus assidue qu'au Roi lui - même ; ce dernier , quoique naturellement peu jaloux, en fut blessé ; il se plut à contredire toutes les opérations qu'il proposait dans le conseil de guerre, & mortifia tellement sa vanité , qu'il fallut enfin en venir à une rupture ouverte. Un jour que Lysandre venait de remplir , par les ordres de son Général , la fonction subalterne de Distributeur des vivres : » Seigneur dit-il au Roi, personne » ne fait mieux que vous dégrader les

» hommes dont l'amitié l'honore. —Per-
» fonne, répondit Agéfilas, ne fait mieux
» que moi apprécier l'amitié, de ceux qui
» veulent fourdement fapper ma Puif-
» fance. — Eh bien, ajouta Lyfandre,
» donnez-moi donc un rang où je puiffe
» vous fervir, fans vous faire ombrage.
—Cette modération ramena Agéfilas,
& il le nomma fon Lieutenant, fur les
côtes de l'Hellefpont.

Agéfilas, livré à lui-même, donna
l'effor à fon génie guerrier; il commença
par endormir la politique de Tiffapherne,
& pendant que ce Satrape s'amufait à
protéger la Carie, il entra dans la Phrygie, dont il prit ou mit à contribution
les métropoles; cette expédition lui coûta
affez peu, comme on peut le juger par
l'anecdote fuivante, que l'Hiftoire nous
a confervée. Il avait fait expofer, dans
une place publique, les prifonniers de
guerre, pour les vendre. Une foule d'a-
cheteurs fe préfentèrent pour les habits
fuperbes dont ils étaient revêtus ; mais

pour les prisonniers eux-mêmes, dont les corps, énervés par le luxe, ne pouvaient supporter aucune des fatigues de l'esclavage, personne n'en voulait : Agésilas, témoin de la vente, s'approcha alors de ses soldats : *Mes amis*, leur dit-il, en leur montrant l'amas des dépouilles, *voici le but pour lequel vous combattez* ; & se tournant du côté des prisonniers : *voilà*, ajouta-t il, *quels sont les hommes contre qui vous combattez.* — Ce mot, pour des soldats moins avides de gloire que de brigandage, valait une harangue de Thucydide.

L'armée d'Agésilas quitta la Phrygie, pour se rendre dans les plaines de Sardes. Là, il livra une bataille sanglante aux Perses, où ceux-ci furent taillés en pièces. Le vainqueur s'empara ensuite du camp de Tissapherne. Le malheur est toujours un crime, dans les principes des despotes. Aussi le Roi de Perse, pour réparer la gloire de ses armes, fit faire le procès au Satrape, auquel on trancha la tête.

Les succès d'Agéfilas, lui valurent le titre d'Amiral, que Sparte lui déféra, fans lui ôter celui de Généraliſſime des armées du Péloponèſe; ce Prince nomma Piſandre pour diriger les manœuvres de ſa flotte, & continuant lui - même ſon plan de campagnes, il conduiſit ſes ſoldats, vainqueurs de Tiſſapherne, dans la Satrapie de Pharnabaze.

Des hommes, à qui Agéſilas avait donné ſon ame, étaient ſûrs de vaincre tout ennemi qu'ils pouvaient atteindre. Les Perſes, quoique ſupérieurs en nombre, furent défaits une ſeconde fois, & Pharnabaze, qui commençait à craindre pour ſa tête, demanda, au vainqueur, une conférence.

Agéſilas arriva le premier au rendez-vous, avec un petit nombre d'amis, & en attendant le Satrape, il s'aſſit à l'ombre d'un arbre, ſur la verdure; le Général des Perſes parut enſuite avec tout le faſte Aſiatique; les eſclaves, qui le précédaient, étendirent à terre des couſſins pleins de duvet, & de riches tapis ; mais lorsqu'il apperçut Agéfilas, qui, affis fur l'herbe, n'avait qu'un tronc d'arbre pour repofer fa tête, il rougit de fa molleffe, & renvoyant fes tapis & fes efclaves, il ne voulut pas avoir d'autre fiége que celui du héros de Lacédémone.

La conference eut le fuccès qu'en attendait Pharnabaze, & Agéfilas fit fortir fes troupes des terres du Satrape.

Au moment où les Perfes fe retiraient, le fils de Pharnabaze, qui était refté en arrière, courut à Agéfilas, & lui dit, en fouriant : *Prince, je contracte avec toi les nœuds facrés de l'hofpitalité ;* en même-tems, pour gage de cette union, il lui donna un beau dard qu'il avait à la main. Ce procédé généreux, que la beauté du jeune homme rendait encore plus recommandable aux yeux d'Agéfilas, fit, fur fon cœur, la plus vive impreffion ; il lui fit préfent d'un harnais magnifique, & de ce moment, il le regarda comme fon fils : on affure même que fa reconnaissance alla, dans la suite, jusqu'à servir ce jeune Perse dans des amours illégitimes, que tolérait la licence des mœurs orientales ; car ce fameux Spartiate n'avait point des idées philosophiques sur l'amitié ; il faisait plier, pour elle, la vérité & la vertu ; Nicias, un de ses favoris, s'étant rendu coupable, en Asie, d'un crime qui le dégradait, il écrivit au Magistrat, qui avait fait enhaîner le coupable : *Si mon ami est innocent, délivrez le pour l'amour de la justice ; s'il ne l'est pas, délivrez le pour l'amour de moi.*

Ce qui flétrit encore plus la tendresse d'Agésilas, pour le fils de Pharnabaze, c'est que lui-même se laissait aller quelquefois aux inclinations perverses qu'il avait la faiblesse de protéger dans ses amis ; l'antiquité a retenti de son amour criminel & malheureux pour l'Asiatique Mégabate : il traînait toujours à sa suite, dans les camps, un de ces vils Antinoüs ; un jour, obligé d'en abandonner un malade dans sa tente, il eut besoin de tout fon patriotifme pour fe réfoudre à un pareil facrifice, & il s'écria plus d'une fois : *Oh, qu'il eft difficile de concilier l'amour & la vertu !*

Détournons nos regards de ces faibleffes que l'Hiftoire, toute chafte qu'elle eft, femble obligée d'indiquer. Agéfilas, en fe livrant à l'intempérance des Afiatiques, n'adopta point leurs mœurs efféminées, & leur molleffe : il bravait l'intempérie des faifons, couchait fur la dure, & vivait de ce méchant brouet noir, qu'on favourait avec tant de délices, quand on était né à Lacédémone.

L'habit de ce grand homme était celui du dernier de fes foldats, & c'était un fpectacle, bien fait pour des yeux philofophiques, que de voir les Satrapes de l'Afie mineure, avec leur longue robe, où brillaient l'or & la pourpre de l'Orient, venir faire leur cour à une efpèce de nain, qui traînait, fans grace, un manteau de bure. Il eft vrai que ce nain, né avec du génie, faifait la deftinée du monde connu.

Les colonies Grecques de l'Asie mineure, depuis la révolution terrible que
Lysandre avait opérée dans leurs Gouvernemens, étaient sans cesse en proie
aux fureurs du despotisme, ou aux convulsions de l'anarchie. Agésilas rétablit
le calme & la concorde parmi elles, non-
seulement sans verser une goutte de sang,
mais même sans exiler un seul homme.
Voilà la politique de Socrate, dont ce
grand Roi était disciple, sans le savoir,
ainsi que l'ont été depuis le vertueux Pen
& le Sage Marc-Aurèle.

Agésilas ayant tout pacifié dans l'Asie
mineure, prit des mesures, pour aller
attaquer Artaxerxe dans sa capitale : il
voulait venger la Grèce, des invasions des
Xerxès & des Darius, & il ne tint pas à
lui que, par la conquête de la Perse, il
ne dérobât la plus grande partie de la
gloire d'Alexandre.

Les Satrapes d'Artaxerxe le servirent
bien mieux par leurs perfidies, que par
leur épée ; ils gagnèrent Timocrate de

Rhodes, qui corrompit, à force d'argent, la noblesse des Républiques de la Grèce, pour les détacher de l'alliance de Lacédémone ; trois d'entr'elles entrèrent dans la nouvelle ligue, Thèbes, Corynthe & Argos ; les autres villes prirent part à ces diffensions inteftines, & peu à peu l'incendie gagna tout le Péloponèfe.

Agéfilas n'apprit tous ces mouvemens, qu'au moment où le péril de fa patrie rompit fon projet de conquérir la Perfe. On lui députa le Spartiate Epycididas, chargé de lui porter le décret de fon rappel. Ce grand homme, qui n'avait pas le génie perturbateur de Lyfandre, ne balança pas un moment à obéir : Plutarque nous a confervé la réponfe qu'il fit à l'inftant aux Ephores (a). ,, Mes foldats ont ,, foumis une partie de l'Afie, & fe pré- ,, paraient à fuivre le cours de leurs con- ,, quêtes ; mais Sparte l'ordonne, & je

_____

(a) *Apophteg. Laconic.*

» pars : je préviendrais même, s'il était
» possible, l'arrivée de cette lettre ; j'ai
» reçu le commandement, non pour
» moi, mais pour le bien de la patrie :
» je saurai obéir à la loi, & remplir
» l'attente des Magistrats qui l'inter-
» prètent «.

Il n'échappa, à ce grand homme,
qu'un trait de gaîté sur les causes qui
avaient amené son rappel. Les Satrapes
d'Artaxerxe avaient répandu, dans la
Grèce, trente mille (*a*) pièces de monnaie, pour corrompre les Orateurs qui
menaient leurs Républiques, & ces pièces
de monnaie portaient l'empreinte d'un
archer. Agésilas dit en riant à ses amis :
» Vous le voyez, ce sont trente mille
» archers qui me renvoient dans le Pé-
» loponèse «.

Agésilas, après avoir traversé l'Helles-

(*a*) Suivant d'autres Historiens, il n'y en
avait que dix mille.

pont, prit son chemin par la Thrace : il eut soin, en approchant de chaque contrée indépendante, de demander, aux peuples qui l'habitaient, s'ils voulaient que ses soldats passassent la pique haute ou la pique baissée; tous frappés de terreur, choisirent son alliance : il n'y eut qu'une colonie des Tralliens de la Lydie, devenue plus barbare que les barbares mêmes, qui demanda, au conquérant, cent talents, & cent filles pour la liberté du passage. Agésilas répondit en rangeant son armée en bataille; l'action s'engagea, & les Tralliens vaincus, abandonnèrent leur or, & virent leurs propres filles tomber dans l'esclavage.

Quand on vint demander, au Roi de Macédoine, la même liberté de passage pour l'armée Spartiate, il répondit, avec une indifférence superbe, *qu'il verrait.* ——*Il peut voir tout à son aise,* dit Agésilas, *en attendant, nous allons passer.* Le Roi, intimidé, pria le Héros d'agréer son alliance.

Quand on apprit, dans Sparte, l'approche d'Agéfilas, le Gouvernement, pour honorer ce grand homme, fit publier, à fon de trompe, que tous les jeunes gens qui voudraient fervir fous fes drapeaux, étaient les maîtres de s'enrôler. Il n'y en eut pas un feul qui ne vînt fe faire infcrire. Les Ephores fe contentèrent d'en choifir cinquante des plus robuftes, & les envoyèrent à Agéfilas, qui eut ordre, en même-tems, de porter le foyer de la guerre au fein de la Béotie.

Dans l'intervalle, il y avait eu une bataille navale entre la flotte Lacédémonienne, commandée par Pifandre, beau-frère d'Agéfilas, & celle des confédérés, qui obéiffait à l'Athénien Conon, & au Satrape Pharnabaze; Pifandre fut vaincu & tué, & Athènes vengea l'opprobre dont elle s'était couverte à la journée d'Egos-Potamos.

Agéfilas, fur le point de combattre les Thébains, apprit la nouvelle de ce défaſtre ; pour ne point décourager ſes ſoldats, il parut, en public, couronné d'un chapeau de fleurs, comme ſi la flotte de Lacédémone avait remporté la victoire la plus complette, & il rangea ſon armée en bataille, dans les plaines de Coronée. L'action s'engagea, & fut auſſi meurtrière qu'elle pouvait l'être entre deux peuples également avides de domination & de gloire. Quand les Thébains virent qu'ils commençaient à avoir du deſſous, ils réunirent toute leur infanterie en un ſeul corps, dont ils formèrent un bataillon quarré, & forcèrent les Lacédémoniens à leur livrer le paſſage. Agéſilas fut bleſſé dangereuſement dans la mêlée ; mais les cinquante héros, que les Ephores lui avaient donnés pour ſa garde, l'arrachèrent, encore vivant, aux ennemis, & le portèrent, en triomphe, dans ſa tente. Dès le lendemain, ce Héros, tout affaibli qu'il était, par la quantité de ſang qu'il avait perdu, préſenta une ſeconde fois le combat aux Thébains,

qui le refusèrent : alors il dreſſa un tro-
phée, pour monument de ſa victoire.

Agéſilas, après la journée mémorable
de Coronée, revint à Sparte, & y fut
reçu comme un dieu tutélaire; ſes mœurs
n'avaient changé en rien, ſa vie était auſſi
frugale, l'équipage de ſa femme & de ſes
filles avait la même ſimplicité; quand il
parlait de ſes exploits, il le faiſait avec
cette indifférence philoſophique qui les
apprécie; il n'avait aucun de ces préjugés
dont on nourrit l'orgueil autour des trônes; quand on lui parlait de la puiſſance
du grand Roi (car c'eſt ainſi qu'on nommait le Deſpote de la Perſe, même à
Lacédémone) : » Je ne vois pas, diſait-
» il, pourquoi ce Roi ſerait plus grand
» que moi, à moins qu'il n'ait plus de
» raiſon & de vertu «.

Cette fierté, qui naiſſait d'une connaiſ-
ſance profonde du cœur humain, plutôt
que du ſentiment intime de ſa ſupério-
rité, n'avait, au reſte, rien d'humiliant
pour les républicains qui l'entouraient;

il ne paraissait point blessé de l'encens
dont ils s'enivraient eux - mêmes, lors
même que la majesté de son rang était
compromise : il y avait, dans la Grèce,
un Médecin, nommé Ménécrate, auquel
quelques cures heureuses avaient fait
donner le nom de Jupiter. L'insensé,
prenant à la lettre le mot adulateur
qu'avait imaginé la reconnaissance de ses
malades, écrivit, au Héros de Lacédémone, une lettre qui commençait ainsi :
Ménécrate Jupiter, au Roi Agésilas, salut.
Agésilas se contenta de répondre : *Le Roi
Agésilas, à Ménécrate, santé.*

Tout ce qui arriva aux Lacédémoniens
d'heureux sous ce règne, fut l'ouvrage
d'Agésilas ; mais il ne faut point lui attribuer leurs défaites, & encore moins
l'opprobre dont ils se couvrirent par la
paix ignominieuse d'Antalcidas ; assu-
rément ce Héros, qui avait sucé, avec
le lait, la haine pour le nom Perse, qui
avait voulu aller demander, dans Suze,
raison à Artaxerxe de l'invasion de Xerxès,

ne pouvait avoir imaginé un traité qui livrait, aux Perses, l'Afie mineure, & qui compromettait la liberté de tout le Péloponèfe. Au refte, fon opinion fur la négociation d'Antalcidas était connue, & le Roi de Perfe lui ayant écrit une lettre d'amitié, après la conclufion de la paix, il refufa de la recevoir. » La » concorde entre les deux Etats me fuffit, » dit il; tant qu'elle durera, l'union in- » time des Princes qui les gouvernent eft » inutile «

L'unique reproche que l'Hiftoire puiffe faire à la politique d'Agéfilas, eft d'avoir trop écouté fa haine pour les Thébains, d'en avoir fomenté les troubles, & d'a- voir préparé par-là les exploits d'Epami- nondas, & par conféquent la décadence de Lacédémone.

Ce Prince était malade & mourant, quand Sparte perdit cette fameufe bataille de Leuctres, où fut tué fon Roi, Cléom- brote, & qui donna, quelque tems, à Thèbes, l'Empire de la Grèce; un grand

nombre de Lacédémoniens s'étaient en-
fuis, avec ignominie, & avaient encouru
les peines prononcées, par Lycurgue,
contre les *Trefantas* (les hommes qui
avaient eu peur). Nous avons vu, dans
la vie de ce Légiflateur, quelles étaient
ces peines : elles confiftaient à ne pouvoir paraître, en public, qu'avec une
barbe à moitié faite, & un habit déchiré:
tout citoyen qui rencontrait un Trefantas,
pouvait le frapper impunément ; il était,
à jamais, exclus de tout emploi dans fa
patrie, & il était défendu à tout homme,
qui prétendait à l'eftime publique, de
lui donner fa fille en mariage : malheureufement les fugitifs, qui avaient échappé au défaftre de Leuctres, étaient tous
des premières familles de Sparte ; ils formaient, entr'eux, une ligue puiffante,
&, dans la crainte d'une guerre civile,
on n'ofait leur faire encourir la peine
qu'ils avaient méritée. Dans cette per-
plexité, la Nation s'adreffa à Agéfilas,
& lui confia, pour un moment, le pou-

voir des Légiſlateurs. Ce Prince remplit les vues ſecrettes de ſes concitoyens, ſans rien ajouter ni retrancher aux inſtitutions de Lycurgue. *Spartiates , leur dit - il , laiſſons . ornir les loix po r un jour ; demain elles reprendront toute leur activité.* C'eſt par cet artifice ingénieux que, ſans autoriſer la lâcheté, il rendit , à l'État, un grand nombre de citoyens , morts civilement , s'ils avaient vécu déshonorés.

Cependant les Thébains , victorieux, entrèrent bientôt dans la Laconie , ſous la conduite d'Epaminondas , & ce fut un coup de poignard pour le cœur patriotique d'Agéſilas : car , depuis ſix cents ans , aucun ennemi n'avait oſé ſe préſenter , les armes à la main , ſur les rives de l'Eurotas, *Sparte , dit Platon , était , pour les Puiſſances rivales , le temple des Furies , dont une terreur ſecrette empêchait d'approcher.* Ce grand homme ne déſeſpéra point de ſa patrie, lorſque le ciel & la terre ſemblaient conjurés pour fa ruine ; il enchaîna, par fa prudence, l'ennemi fur les bords de l'Eurotas ; il éventa toutes les conjurations tramées, dans la ville même, en faveur des Thébains, & c'eft à fon génie feul que fa République dut fon falut ; mais tous les évènemens de ce fiége mémorable, feront plus à leur place, dans l'hiftoire des guerres de Thèbes & de Lacédémone.

Après la retraite d'Epaminondas, le Héros de Sparte, fe voyant avancé en âge, & hors d'état de commander des armées, confia les deftinées de l'Etat, à la valeur de fon fils Archidame : celui-ci marcha contre les Arcadiens, & les défit dans une bataille célèbre, qu'on appella la *bataille fans larmes*, parce que, malgré le carnage affreux qu'on fit des ennemis, il n'en coûta pas la vie à un feul Spartiate : ce triomphe fut doublement fenti par Agéfilas, parce qu'il n'était pas moins bon père que bon citoyen ; il vint, en verfant des larmes de tendreffe, au-devant de ſon fils , & ſe conſola de voir approcher la fin de ſa carrière , puiſqu'il laiſſait , à ſon peuple , un Héros pour le remplacer.

Cependant, les malheurs de Sparte ne touchaient pas encore à leur terme , parce qu'Epaminondas reſpirait encore ; ce guerrier terrible profita de la diviſion des forces de ſes ennemis , pour paſſer l'Eurotas , & tenter d'emporter la ville d'emblée ; Agéſilas ſentit , à la vue du péril , ſon ſang glacé ſe ranimer dans ſes veines ; il chargea d'une épée ſes mains défaillantes , & encouragea ſi bien les Spartiates , qu'il arracha ſa ville des mains d'Epaminondas.

Peu de jours après , ſe donna cette célèbre bataille de Mantinée , où Epaminondas , toujours vainqueur , fut tué. Il en réſulta le ſalut de Lacédémone , & la paix du Péloponèſe.

Il ſemblait qu'Agéſilas , après les fatigues & les angoiſſes d'une vie ſi agitée , ne devait plus ſonger qu'à goûter le repos qu'il avait procuré à ſa patrie ; mais ſon ame active s'indignait de n'habiter que des ruines. Le Roi d'Egypte, Tachos (*a*), qui méditait la guerre contre les Perses, lui ayant propofé de venir commander fes armées, il alla, à quatre-vingts ans, & le corps couvert de bleſſures, revivifier les débris de la Monarchie des Pharaons.

Quand il aborda à Memphis, une multitude innombrable, attirée par fa renommée, fe rendit fur le rivage ; mais les efclaves d'un Defpote avili, n'étaient pas faits pour apprécier le Roi d'un peuple libre : lorfque ces malheureux Egyptiens, au lieu d'un Hercule qu'ils s'attendaient à admirer, ne virent qu'un vieillard, petit & boîteux, vêtu d'une bure grofſière, qui fe tenait aſſis fur les herbes qui bordent le rivage de la mer, le grand homme leur échappa, ils fourirent de pitié, & fe mirent à répéter, entr'eux,

---

(*a*) Il eſt appellé Téos dans Manéthon.

l'ancien apologue fur la montagne en travail, qui accouche d'une fouris.

Agéfilas n'eut pas moins de chagrin à effuyer, quand il fallut concerter les opérations de la campagne avec le Pharaon; il s'attendait à être l'ame de cette expédition, mais on ne lui confia que le commandement des troupes étrangères: l'Athénien Chabrias fut fait Amiral de la flotte, & Tachos lui-même fe déclara Généraliffime; il en coûta cher au Monarque Egyptien, pour avoir ainfi bleffé la fierté d'Agéfilas; car Nectanèbe, fon neveu, s'étant foulevé contre lui, les Spartiates prirent le parti du rebelle, & l'infortuné y perdit fa Couronne.

Avant le couronnement de Nectanèbe, les deux rivaux avaient envoyé, chacun de leur côté, des Ambaffadeurs à Sparte, pour implorer fa protection; & la République, qui, depuis long-tems, femblait avoir adopté le machiavélifme de Lyfandre, ne leur répondit autre chofe, finon que la deftinée de leurs maîtres était entre les mains d'Agéſilas ; en même-tems , les Ephores écrivirent à ce dernier *de faire* (non ce qui était le plus juſte) *mais ce qui était le plus expédient pour les intérêts de Lacédémone.* Le vieux Monarque , prenant ſon aveugle reſſentiment pour du patriotiſme , trouva qu'il était expédient de trahir le Roi , au ſervice duquel il avait été envoyé , & il prit le parti de Nectanèbe.

Le nouveau Prince était à peine aſſis ſur le trône des Pharaons , qu'un mécontent vint , à la tête de cent mille hommes , le lui diſputer. Agéſilas lui conſeilla de fondre ſur les rebelles , avant qu'ils euſſent le tems de ſe former dans la diſcipline militaire ; mais le Pharaon crut ce conſeil inſidieux , de la part d'un étranger , qui venait de trahir Tachos , & il le dédaigna L'évènement juſtifia bientôt le preſſentiment du Héros Spartiate ; Nectanèbe fut battu par ſon rival , & contraint de ſe renfermer dans une de ſes métropoles , dont le vainqueur fit le siége. Les malheurs du Pharaon lui ouvrirent les yeux sur les talens d'Agé-silas ; ce dernier fut chargé seul de la défense de l'Egypte : alors la fortune changea ; les rebelles furent battus, leur chef fait prisonnier , & Nectanèbe rentra, dans Memphis , plus puissant que jamais.

Agésilas partit de l'Egypte , chargé de riches présens , outre deux cents trente talents que Nectanèbe lui donna pour payer les frais de son armement ; mais une tempête accueillit ce Héros au-dessus de la Lybie, & il mourut dans un désert, appellé le port de Ménélas , à l'âge de quatre-vingt-quatre ans , dont il en avait régné près de quarante-deux. A sa mort , il n'y a presque plus , pour le Philosophe , d'histoire de Lacédémone.

CONON et IPHICRATE,

OTENT, A LACÉDÉMONE,

L'EMPIRE DE LA GRÈCE (a).

ATHÈNES, depuis la journée fatale d'Egos-Potamos, avait perdu le poids énorme qu'elle avait mis, jusqu'alors, dans la balance de la Grèce; réduite à se défendre contre ses propres tyrans, à persécuter ses Héros, & à empoisonner ses Philosophes, elle avait perdu, comme le dit Homère, avec sa liberté, la moitié de son existence; enfin, Conon vint, du fond de la mer de Phénicie, où il s'était exilé, apprendre, à sa patrie, le secret de ses forces, & Lacédémone perdit, en

____

(a) *Xenoph.* Hellen., lib. 4; *Diod. Sicul* lib. 14; *Cornel. Nep.* in Conon. & Iphicr.

peu d'années, tout le fruit du machiavélifme de Lyfandre, & des victoires
d'Agéfilas.

Conon, fils de Timothée, avait été
appellé, au Gouvernement d'Athènes,
pendant le cours de la guerre du Péloponèfe ; nommé d'abord Commandant
d'une flotte, il ne remporta point, fur
l'ennemi, de victoires mémorables, mais
il le fatigua par des manœuvres favantes ;
il lui arracha une partie de fes conquêtes,
& fa campagne, plus utile que brillante,
lui valut le Gouvernement de tout l'Archipel Athénien.

Conon laiffa dormir un moment fa
gloire à la journée d'Egos-Potamos (a) :

(a) Cornélius Nepos, qui cherche fouvent à
juftifier fes Héros, aux dépens de la vérité hif-
torique, prétend que ce fameux Athénien était
abfent de la flotte, lorfqu'elle fut battue par
Lyfandre ; mais l'opinion de cet Ecrivain n'a
aucun poids contre Plutarque, Xénophon & toute
l'Antiquité.

nous avons vu que, se défiant peu de l'activité de Lysandre, & croyant que la supériorité de forces suppléait à l'absence de la discipline, il s'était laissé surprendre par l'Amiral de Lacédémone, & que ne s'étant apperçu du mal, que lorsqu'il lui était impossible de le réparer, il avait sauvé de la mêlée un petit nombre de galères, avec lesquelles il avait été, dans l'isle de Chypre, demander un asyle au Roi Evagoras.

La défaite d'Egos-Potamos entraîna le siége d'Athènes, & sa capitulation ignominieuse : pendant que cette ville, n'aguères la plus puissante du globe, se débattait, sans gloire, sous le joug que voulait lui imposer sa rivale, Conon, du fond de son exil, conçut le projet de rendre, à sa patrie, l'Empire de la Grèce : il fut d'abord embarrassé sur les moyens d'exécuter ce grand ouvrage. Thémistocle y avait réussi, en donnant à Athènes une marine, Périclès, en la faisant le centre des arts, & le sanctuaire de la politique du Péloponèfe ; d'autres tems, d'autres mœurs. Conon, qui vit fon fiècle infecté, par le machiavélifme de Lyfandre, employa, pour renverfer l'Empire de Lacédémone, les voies odieufes dont celle-ci fe fervait pour l'ufurper. Il fe ligua avec la Perfe, par l'entremife de Pharnabaze, un de fes Satrapes, &, fous prétexte de rétablir l'équilibre politique de la Grèce, il appella, dans fon fein, les ennemis nés de toutes les Républiques.

Heureufement le règne de l'imbécille Artaxerxe n'était qu'une éternelle minorité. Ce Prince, fans caractère, n'ofa pas profiter de tous fes avantages, & il aima mieux employer l'or que le fer pour affervir le Péloponèfe.

Cependant, Agéfilas, qui apprit la ligue conclue entre la Perfe & Athènes contre Lacédémone, fe hâta de la rendre inutile en marchant, avec une armée, dans l'Afie mineure, pour l'envahir ; Conon, foutenu par Pharnabaze, tint tête par-tout au Héros de Lacédémone, & fans fon génie, tout le pays, qui s'étend depuis l'Ionie, jufqu'au mont Taurus, était perdu pour la Perfe.

Sur ces entrefaites, Tiffapherne, gagné par Lacédémone, cabalait, dans la même Afie mineure, pour rendre inutile la ligue d'Athènes avec Pharnabaze. Conon vint lui-même à la Cour d'Artaxerxe, donna des preuves authentiques de la perfidie du Satrape, & quoiqu'il eût refufé d'adorer ce Defpote, à la manière de l'Orient, il en obtint à-peu-près tout ce qu'il defirait. Tiffapherne fut déclaré ennemi de l'Etat, & le Prince mit fon fceau à la confédération contre Lacédémone.

A peine la flotte, deftinée à rétablir l'équilibre de la Grèce, était-elle équipée, que Pifandre, l'Amiral de Lacédémone, vint lui difputer l'empire de la mer; Conon furprit fon ennemi aux environs de Gnide, s'empara de plufieurs de fes vaiffeaux, en coula un grand nombre à fond, & vengea, par cette victoire, la défaite d'Egos-Potamos, & l'esclavage du Péloponèse.

Conon savait à-la-fois vaincre & user de sa victoire ; il entra dans Athènes, en triomphe, avec les navires Lacédémoniens, qu'il traînait à sa suite, distribua, à ses concitoyens, 500 talents, qu'il avait reçus de la reconnaissance de Pharnabaze, & ce qui était bien plus fait encore pour le rendre cher à sa patrie, il releva le fameux rempart de Thémistocle.

Le Héros d'Athènes, devenu l'oracle de son pays & l'arbitre de la Grèce, se crut délivré, auprès de la Perse, d'une reconnaissance qui humiliait sa fierté ; il cabala sourdement pour mettre l'Ionie entière sous sa puissance ; mais Tiribase, Gouverneur de Sardes, instruit du complot, attira son auteur dans l'Asie mineure, sous prétexte de conférer avec lui sur les intérêts de la ligue, & quand il eut cet homme célèbre dans son pouvoir, il le fit enchaîner, & conduire à

Suze. Une tradition Grecque veut que Conon trompa la vigilance de ses gardes & revint mourir, obscur, dans quelque coin du Péloponèse. Une autre le fait périr, en Perse, sur un échaffaut. Cette dernière opinion est plus conforme au caractère lâche & féroce du stupide Artaxerxe.

Athènes, privée du grand homme, qui tenait dans sa main la destinée de la Grèce, tourna ses regards vers Iphicrate, le seul de ses guerriers qui pût la consoler de la perte de Conon : cet Iphicrate, fils d'un simple Cordonnier (a), était l'homme de son siècle qui avait fait l'étude la plus profonde de la tactique ; ayant observé que l'infanterie Grecque, écrasée par le poids de son armure, exécutait mal ses évolutions, il lui ôta ses cuirasses de fer, pour lui en donner d'un tissu de lin, que l'apprêt & les doubles

______

(a) *Plutarch.* in Apophtegm.

dont il était formé rendaient impéné-
trable. Ils fubftitua auffi, à fes boucliers
énormes, des rondaches, qui protégeaient
le foldat fans le furcharger ; en même-
tems , il allongea la pique & l'épée.
Toutes ces innovations marquaient, dans
Iphicrate , un guerrier confommé dans
fon art : on voit que fon projet était de
rendre l'infanterie d'Athènes fupérieure
à toutes celles du monde connu , lors
même qu'elle ne ferait pas dirigée par
le génie des Cimon & des Alcibiade.

Iphicrate fe diftingua d'abord dans la
Thrace , où il rétablit , fur fon trône,
Seuthès, l'allié des Athéniens , que les
armes Lacédémoniennes en avaient chaffé ; mais fon triomphe fut , lorfque fe
trouvant , dans la guerre de Corynthe ,
en préfence d'Agéfilas , il vainquit ce
Héros, la terreur de l'Europe & de l'Afie,
& l'empêcha , par cet évènement , de
dicter des loix humiliantes au Péloponèfe.

Artaxerxe, au tems de fa ligue avec
Athènes, demanda Iphicrate, pour faire

rentrer l'Egypte fous fon obéiffance. Ce
Général partit, à la tête de douze mille
hommes de troupes auxiliaires, & répondit à l'attente des Perfes, finon par
fes conquêtes, du moins par la difcipline
admirable qu'il mit dans l'armée dont
on lui avait confié le commandement.
Les foldats, quoique peu accoutumés à
plier au joug leur tête indocile, rendirent
hommage au talent de ce grand homme,
& plufieurs corps de troupes fe glori-
fièrent long-tems de porter le nom de
Phalanges d'Iphicrate.

Il ne manquait, à la gloire d'Iphicrate,
que de fe mefurer avec Epaminondas,
& il lui fit lever, en effet, le fiége de
Sparte, que, fans la terreur qu'il infpi-
rait, le Héros de Thèbes n'aurait quittée
qu'en la renverfant. Ce grand homme
mourut dans une vieilleffe avancée,
n'ayant jamais été appellé en caufe
qu'une feule fois, & s'en étant tiré avec
honneur. Il femblait que la jaloufie républicaine pardonnait, au fils d'un Cor-

donnier, des talens supérieurs qu'elle avait punis tant de fois dans la personne des Héros d'une naissance illustre, telle que les Miltiade, les Périclès & les Thémistocle.

PAIX D'ANTALCIDAS (a).

LES Perfes, tant de fois vaincus dans les champs de bataille, par les hommes libres qui dirigeaient les Républiques de la Grèce, avaient enfin reconnu que ce n'était pas avec du fer, mais avec de l'or qu'il fallait combattre des ennemis auffi dangereux ; alors on épuifa les tréfors du Roi des Rois, pour corrompre les Grecs & pour les divifer. Ce fut un Rhodien, nommé Hermocrate, qui devint, à cet égard, l'Agent du miniftère d'Artaxerxe ; il mit tant d'adreffe dans fa négociation, qu'il arma, contre Lacédémone, une partie du Péloponèfe.

(a) *Xenoph.* Hellen. lib. 4 ; *Diod. Sicul.* lib. 14.

Parmi les Puissances rivales de Lacédémone, que l'or des Perses avait corrompues, on voit, avec regret, cette Athènes, qui, dans des tems plus heureux, avait subjugué une partie de l'Asie mineure & du Péloponèse, avec la pauvreté de ses Cimon & de ses Miltiade; ayant depuis adopté une politique indigne d'elle, elle se ligua avec les Satrapes de la Perse, & on vit, dans la bataille de Gnide, l'union étrange des drapeaux des Barbares, avec ceux qui furent témoins de leurs défaites à Platée & à Marathon. La Perse, dès ce moment, malgré sa faiblesse, tint en main la balance politique de la Grèce.

Quand Lacédémone se vit réduite à ses remparts, outrée de la lâcheté des Athéniens, qui s'étaient ligués contr'elle avec les ennemis naturels de la Grèce, elle eut la faiblesse de s'en venger, en faisant, avec la Perse, un traité qui compromettait sa rivale, les colonies de l'Asie mineure & les Puissances du Pé-

Ioponèfe ; ce fut Antalcidas, fon Pléni-
potentiaire, qui imagina ce plan de con-
ciliation, deftiné à couvrir d'opprobre
toute la Grèce, & on nomma la paix
générale qui en réfulta, la paix d'Antalcidas.

Le traité ne renfermait que trois arti-
cles ; par le premier, il était ftipulé que
les ifles de Chypre & de Clazomène, &
toutes les colonies de l'Afie mineure,
reconnaîtraient la domination de la Perfe.
Le Roi dut alors, à la jaloufie d'Athènes
& de Lacédémone, ce qu'il n'aurait pas
obtenu fous les Ariftide & les Léonidas,
par trente ans de victoires.

Le fecond article portait, que toutes
les villes de la Grèce, tant grandes que
petites, deviendraient indépendantes,
& fe gouverneraient par leurs propres
loix. — Cet article eft le piége le plus
adroit qu'on pouvait tendre à la vanité
des Grecs ; car comme les grandes Républiques avaient englouti les petites
Puiffances, propofer de rendre toutes les

villes libres , c'était morceler toute la Grèce, & l'expofer fans défenfe à l'invafion des conquérans.

Artaxerxe, par le dernier article, devait fe joindre aux peuples qui accepteraient le traité, pour faire la guerre, par terre & par mer, à ceux qui refuferaient de s'y foumettre. Les Perfes s'ouvraient par-là une porte, pour entrer dans le Péloponèfe, quand ils le jugeraient à propos ; & cette porte, l'efclavage entier de la Grèce devait feul la refermer.

Je ne connais rien de fi ignominieux dans l'Hiftoire des Grecs, que cette paix d'Antalcidas ; la Perfe n'en profita point, parce que, de cette époque, on ne voit plus fon trône occupé par des hommes, mais elle prépara l'invafion d'Alexandre, & peut-être la conquête de la Grèce par les Romains.

Antalcidas, après la conclufion du traité, alla à Suze, pour jouir de la reconnaiffance des Perfes, auxquels il avait facrifié fa patrie. Artaxerxe, qui fe croyait

l'Arbitre du monde, parce que son or
l'avait payé, fit, au perfide Spartiate,
l'accueil le plus distingué ; il lui envoya
une couronne de fleurs, trempées dans
une essence du plus grand prix : faveur
singulière qui excita la jalousie des Eunuques du Palais & des Satrapes ; mais
le traître jouit peu de son affreux triomphe. Quand les Perses n'eurent plus besoin de ses services, ils l'abandonnèrent
à son opprobre. Alors les Ephores instrui-
sirent son procès, &, devenu également
odieux à ses corrupteurs & à ses victimes, il se laissa mourir de faim, pour
se dérober au supplice.

CONSIDÉRATIONS SUR L'IONIE,

ABANDONNÉE AUX PERSES,

PAR LA PAIX D'ANTALCIDAS,

ET SON HISTOIRE.

SI jamais la politique de la Grèce se trouva en défaut, c'est lorsqu'elle abandonna cette Ionie, qui lui servait de boulevard contre les invasions des Barbares : heureusement pour elle, que, de cette époque, jusqu'à la destruction de la Perse, il ne se trouva aucun Conquérant sur le trône de Cyrus ; car, par ce seul article du traité d'Antalcidas, le Péloponèse était subjugué.

Pour mettre le Lecteur à portée d'apprécier tout le poids qu'en se privant de l'Ionie, la Grèce ôtait de sa balance politique, il faut jetter un coup-d'œil rapide fur cette Province , & rapprocher un moment tous les traits épars de fon hiftoire.

Les Ioniens formaient , avec les Doriens , les deux grandes nations primitives , avec lefquelles peu à peu la Grèce s'était incorporée , & ces deux grandes nations avaient la même tige ; c'était Hellen , fils de ce Deucalion que fon Déluge a immortalifé. Les Doriens defcendaient de ce Prince , par Dorus , un de fes enfans , & les Ioniens par Ion , fon petit fils. Cette filiation eft d'autant plus importante , qu'elle fert de point de réunion à tous les membres épars de l'ancienne Chronologie.

Au tems de la conquête des Héraclides , l'Ionie commença à jouer un rôle dans les annales de la Grèce ; car les Grecs , chaffés de leur patrie par les fils d'Ariftomaque , allèrent en foule revivifier les ruines des régions , qu'ils avaient euxmêmes dévaftées pendant la guerre de Troye. Alors cette côte de l'Afie mineure se couvrit de colonies, & le crime des vengeurs d'Hélène parut réparé.

Quand on vit la population s'accroître dans l'Ionie, à mesure qu'elle s'affiblissait dans le Péloponèse, Nilée, fils de Codrus, vint y bâtir onze villes, dont la Chronique de Paros nous a transmis les noms (*a*); c'est Ephèse, Erythrée, Clazomène, Téos, Lébedée, Colophon, Myunte, Phocée, Priène, Chio & Samos: cet évènement arriva il y a 2856 ans, c'est-à-dire l'an 506 de l'Ere que nous adoptons pour l'Histoire de la Grèce.

Quelque tems auparavant, des Achéens, descendus d'Eole, ayant été chassés de la Laconie, qu'ils habitaient, par les Doriens, instrumens des brigandages des Héraclides, étaient venus s'établir dans cette partie de l'Asie mineure, qu'on appella dès-lors l'Eolide, & y avaient fondé Smyrne & un grand nombre d'autres villes du second ordre.

______

(*a*) Artic. 28.

Les Doriens, eux-mêmes, trouvant le fol de l'Afie mineure plus favorable à la population & à l'agriculture, que celui du Péloponèfe, s'y établirent environ foixante & dix ans après les Ioniens ; ils donnèrent, à la contrée où ils s'arrêtèrent, le nom de Doride, & y fondèrent diverfes villes, entr'autres Linde, Jalyze, Camire, Cos, Gnide & Halicarnaffe.

Nous avons parlé, en détail, de toutes ces villes dans la Notice géographique, qui fert d'introduction à notre Hiftoire de la Grèce (*a*), & nous n'y reviendrons qu'un moment, dans notre Tableau du fiècle d'Alexandre, quand nous apprécierons le Temple de la Diane d'Ephèfe, dont la vanité Grecque a fait une des merveilles du monde.

Quand les Ioniens, les Eoliens & les Doriens fe trouvèrent raffemblés fur les côtes de l'Afie mineure, ils furent la ter-

---

(*a*) Voyez tome I, pag. 108, jufqu'à 120.

reur du pays par leurs brigandages ; ils enlevèrent les femmes de leurs voisins, ils pillèrent leurs campagnes, sans déclaration de guerre ; ensuite ils se déchirèrent eux-mêmes par leurs discordes civiles ; mais cet état de barbarie ne dura qu'un moment, & les Sauvages de l'Asie mineure se civilisèrent long-tems avant les Sauvages du Péloponèse.

Ce fut la politique qui ramena de bonne heure les Grecs de l'Asie à la raison ; placés entre des régions encore barbares, & des métropoles, jalouses de la grandeur de leurs colonies, ils sentirent le besoin de doubler leurs forces par d'utiles confédérations ; alors ils créèrent trois ligues de villes, qui peu à peu se fondirent en une seule, qu'on appella la *ligue de l'Ionie.* De ce moment, le commerce & les arts vinrent féconder cette terre qui semblait stérile, & la gloire des peuples qui l'habitaient put faire ombrage aux Monarques puissans de la Lydie, & aux successeurs de Cyrus.

Les trois confédérations Grecques de l'Asie mineure se gouvernèrent, par leurs propres loix, jusqu'au règne de Crésus en Lydie. Ce Prince, inquiet d'avoir des voisins si redoutables, leur laissa le choix d'être conquis ou protégés. Les Ioniens eurent la faiblesse de se déterminer pour le dernier : ils ne voyaient pas qu'une Puissance dominante ne protège jamais qu'en subjuguant. En effet, peu à peu Crésus les amena au point de lui fournir des vaisseaux de guerre, & de lui payer un tribut annuel. Cependant, comme ils se choisissaient encore leurs Magistrats, ils continuèrent à se croire libres.

La conquête de la Lydie, par Cyrus, fut sur le point d'entraîner celle de l'Ionie. Les colonies Grecques, qui avaient d'abord refusé l'alliance de ce Héros, apprenant ses triomphes, lui envoyèrent des Ambassadeurs, pour reconnaître son empire, & le prier, à son tour, de les protéger. Cyrus, s'il en faut croire le

Père de l'Histoire (*a*), leur répondit par cet apologue.

„ Un joueur de flûte, assis sur le bord
„ du rivage, voyant les poissons se jouer
„ sur la surface de l'Océan, prit son
„ instrument, persuadé qu'il les attirerait
„ à lui par sa douce mélodie; mais après
„ avoir fait long-tems retentir les échos
„ des rochers, du son de sa flûte enchan-
„ teresse, voyant son attente frustrée, il
„ jetta son filet, & quand il le sentit
„ chargé, il le vuida sur le rivage : les
„ poissons commencèrent à fretiller sur
„ le sable humide : il est bien tems, leur
„ dit alors le musicien, de sauter près de
„ moi; il fallait y venir quand je vous
„ appellais aux doux sons de ma flûte;
„ maintenant vous êtes à moi, & je ne
„ vous dois rien “.

Le sens de l'apologue était trop clair, pour échapper à la pénétration des Am-

***

(*a*) *Herod.* lib. 1.

baſſadeurs ; auſſi , de retour chez leurs Repréſentans , ils répandirent l'alarme par-tout , & engagèrent les villes, menacées par le Conquérant, à s'armer pour défendre leur indépendance.

Cyrus , trop occupé en Lydie pour deſcendre, ie fer & la flamme à la main, ſur les côtes maritimes de l'Aſie mineure, envoya Mazare , un de ſes Généraux, pour exécuter ſes projets de deſtruction. Mazare , digne ſatellite d'un Deſpote farouche, vint ravager les plaines fertiles , arroſées par ie Méandre , détruiſit Priène , mit Magnéſie en cendres , & s'apprêtait à faire ſubir le même ſort à la ville puiſſante de Phocée , quand la mort vint le frapper aux pieds de ſes remparts.

Harpage, ſucceſſeur de Mazare , avait ſon ame de boue & de ſang. les Phocéens, qui ne pouvaient eſpérer de ce brigand qu'une capitulation déshonorante, préférèrent d'abandonner leur patrie, & d'en aller fonder une autre dans la

Thrace. Harpage, le lendemain, entra dans Phocée, qu'il trouva déserte, & se consola, en brûlant ses édifices, de n'avoir pu tremper ses mains dans le sang des hommes.

L'Ionie, par les conquêtes de Mazare, & d'Harpage devint une des Provinces du vaste Empire de Cyrus.

Cette belle région, revivifiée par le gouvernement modéré de quelques Satrapes, se trouva assez forte, sous le règne de Darius, fils d'Hystaspe, pour secouer le joug de la Perse ; elle se maintint libre, pendant six ans entiers, malgré les arrêts de proscription, émanés de la Cour du Despote, & soutenus par des armées formidables. Ses villes avaient eu la politique, avant d'arborer les drapeaux de l'indépendance, de se liguer avec Athènes, qui avait armé une flotte de vingt vaisseaux, pour les protéger du côté du Péloponèse. Quand les troupes de la confédération Grecque se crurent assez fortes pour se mesurer avec les

Perses, elles les prévinrent, & allèrent mettre le siége devant Sardes ; la ville fit peu de résistance, & les Grecs la brûlèrent. Nous avons vu que l'incendie de cette ville, métropole de l'Asie mineure, fut un des prétextes des deux invasions de Darius & de Xerxès en Europe. De ce moment, l'histoire de l'Ionie se trouve essentiellement liée avec celle du Péloponèse.

L'indigne traité d'Antalcidas donna aux Perses, ce qu'à peine ils auraient osé espérer de vingt ans de victoires. L'Ionie, à cette époque, était dégradée par le poison corrosif du luxe ; elle entendit son arrêt avec l'indifférence de l'être avili, qui ne croit pas à la liberté ; & cette contrée, qui avait produit tant de Héros & de Sages, resta lâchement soumise à la Perse, jusqu'à la conquête d'Alexandre.

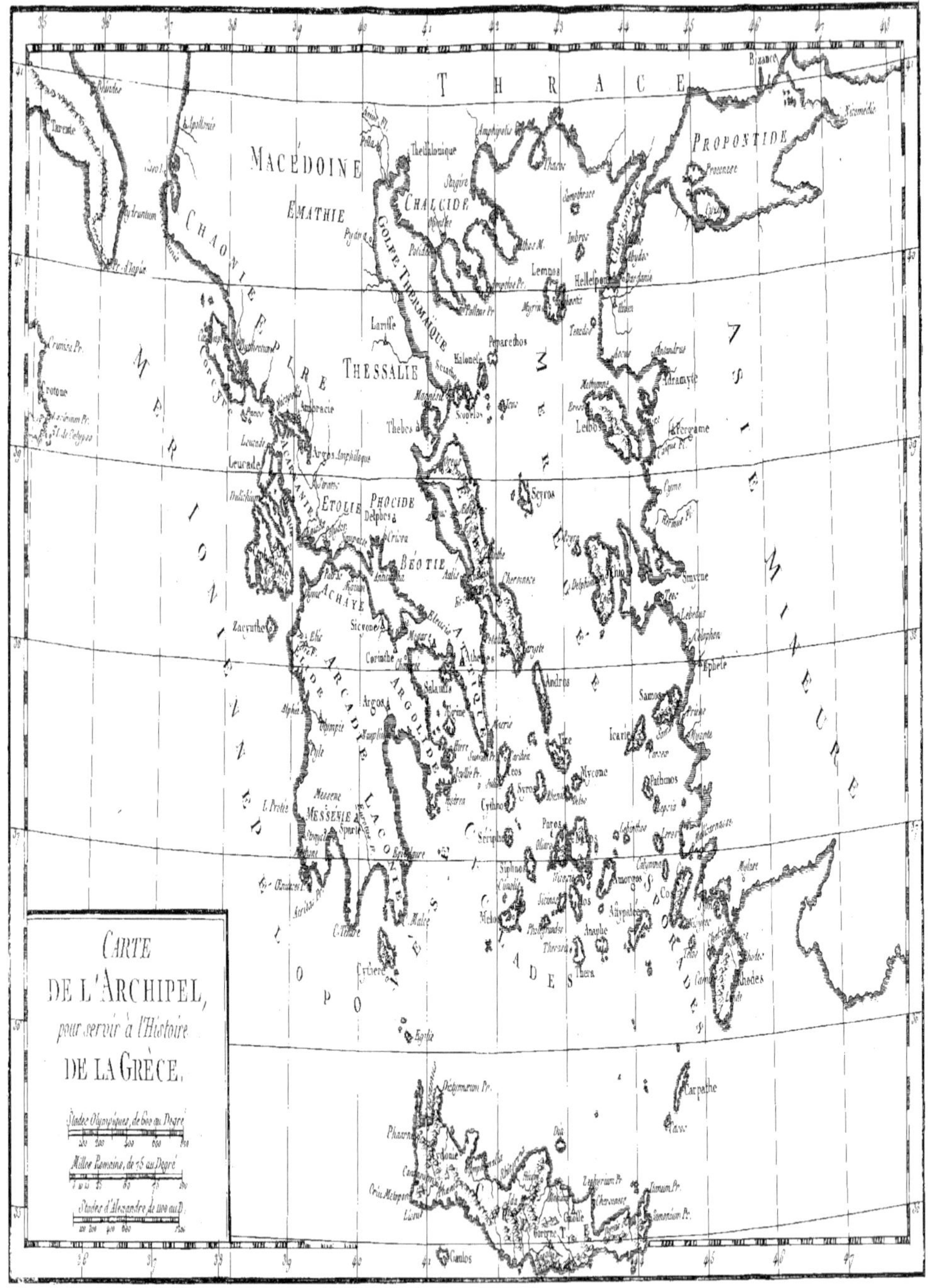

CARTE
DE L'ARCHIPEL,
pour servir à l'Histoire
DE LA GRÈCE.

Stades Olympiques, de 600 au Degré

Milles Romains, de 75 au Degré

Stades d'Alexandre, de 1100 au D.

dos
rasi

CARTE
DE L'ARCHIPE
pour servir à l'Histoire
DE LA GRÈCE.

Stades Olympiques, de 600 au Degré
100   200   400   600   800
Milles Romains, de 75 au Degré
5 10 15   25   50   75   100
Stades d'Alexandre, de 1100 au D,
100 200   400   600   1200

36

36

37

35

L'ISLE DE CHYPRE

REFUSE D'ACCÉDER AU TRAITÉ

D'ANTALCIDAS.

SON HISTOIRE.

ON a vu quelquefois, dans l'Histoire de l'Antiquité, des Despotes insolens se céder des peuples que le hasard de la naissance leur avait donnés à gouverner ; & ces peuples, abrutis par un long oubli d'eux-mêmes, passer, sans répugnance, à une nouvelle domination, espérant, dans le changement de tyrans, voir quelqu'adoucissement dans la tyrannie. Mais, de quel droit des Etats libres céderaient-ils à un Despote, des Nations, qui n'appartiennent qu'à elles-mêmes ? Tel fut cependant le spectacle étrange que Lacé-

démone, qui n'était plus la ville de Lycurgue, ofa donner au monde, par le
traité d'Antalcidas. Les Grecs de l'Afie
mineure, qui avaient de la force fans
courage, ne réclamèrent point contre
cet indigne trafic d'hommes ; mais les
Infulaires de Chypre, qui avaient du
courage fans force, défièrent à la fois
la Grèce & la Perfe, & fe propofèrent,
finon de vaincre, du moins de mourir
libres : ce qui, malgré les armées des
tyrans, & leur traités non moins terribles,
était encore en leur pouvoir.

L'ifle de Chypre, ainfi nommée, foit
à caufe d'une Princeffe Cypris, fille de
Cyniras, foit à caufe des mines de cuivre
(*cypros* en Grec) qu'elle recèle dans fon
fein, n'eft féparée de la Phénicie que par
un détroit. Ainfi, du moment où elle
s'éleva au-deffus des eaux, elle dut former une de fes provinces. Cette contrée, à cette époque, parut fi fertile,
à caufe du limon vierge dont elle était
couverte, que fes premiers Cultivateurs

la confacrèrent à Vénus, fymbole ingénieux de la nature, qui féconde les êtres
& qui les vivifie.

Les premières antiquités connues de
l'ifle de Chypre fe reffentent de l'âge des
fables. PYGMALION (a), un des plus célè-
bres Sculpteurs de l'Orient, était venu,
dit-on, s'établir dans cette contrée; &
bleffé d'y voir les femmes fans pudeur,
il s'était propofé de ne jamais fubir
le joug du mariage. Cependant, le cœur
de l'homme ne perd jamais tout-à-fait
fes droits. Les tableaux voluptueux, qu'il
voyait fans ceffe, embrafaient fes fens; &
pour donner le change à fon imagination, il fe mit à fculpter une ftatue
d'ivoire, qui devint fi parfaite fous fon
cifeau, qu'il en fut infenfiblement épris.
Vénus, (car les Dieux interviennent
toujours dans l'hiftoire des amours antiques) Vénus, dis-je, eut pitié de l'éga-

______

(a) *Arnob.* lib. 4 & 6.

rement de Pygmalion, elle anima la statue, & elle devint mère de Paphos, qu'on regarde comme le premier Roi de Chypre, sinon dans les Annales de l'Histoire, du moins dans celles de la Mythologie.

Cyniras, fils de Paphos, ne dégénéra pas, dans ses amours, de la race de Pygmalion. Il séduisit Mirha, sa propre fille, & en eut Adonis. Ici, l'histoire de Chypre offre un vuide singulier, jusqu'au tems des conquêtes de Cyrus. A cette époque, l'isle était divisée en neuf royaumes, que le Héros de la Perse soumit tous, ou du moins qu'il rendit tributaires.

Le premier de ces neufs royaumes, & le seul dont l'histoire ait échappé à l'oubli des siècles, est celui de Salamine (a). Son fondateur fut le Teucer, fils de Telamon, dont Homere fait un

(a) Herod. lib. 4 & 5.

des Héros du siége de Troye. Lactance
prétend que ce Teucer , ami de Cal-
chas , & aimant, par conséquent , à voir
répandre , sur l'autel , le sang des Iphi-
génies , institua , dans sa ville nouvelle ,
l'usage féroce des victimes humaines ,
usage qui se perpétua jusqu'à l'Empire
d'Adrien (*a*).

AJAX , fils de Teucer, réunit sur sa
tête, la thiare des Prêtres & la couronne
des Rois, & il n'en dormit pas moins,
sur le trône , ainsi que les monarques
sans nom qui lui succédèrent , jusqu'à NICOCRÉON I , sous lequel arriva
probablement la conquête de l'isle de
Chypre, par Cyrus.

EVELTON , tributaire de Cambyse,
fournit à ce Prince, pour son expédition contre l'Egypte, de l'argent, des
vaisseaux & des hommes. Cependant,
quoiqu'ami du tyran , il mourut dans

______

(*a*) *Lactant.* lib. 1 , cap. 21.

son lit, ce qui parut un phénomène à la Perse.

Siromos & Chersis, ne firent que passer. Gorgus, ensuite détrôné par son frère, alla demander un asyle aux Perses. Onesile (c'est le nom de l'usurpateur,) se ligua avec tous les petits rois de son isle, fit venir, pour le défendre, une flotte ionienne, & avec toutes ces forces réunies, se crut en état de défier les successeurs de Cyrus.

Le succès de la guerre, ne répondit pas à l'audace de l'ambitieux qui l'avait allumée ; les Perses vainquirent, & tuèrent Onesile : alors Gorgus remonta sur le trône de Salamine.

Nicocrate succéda à Gorgus, son père, & fut remplacé par son frère Timarque, qui réunit la Couronne de Paphos à celle de Salamine. Aristide, sous ce dernier Prince, fit une descente en Chypre, passa au fil de l'épée les garnisons soudoyées par les Perses,

& rendit aux Infulaires leur indépendance (a).

EVAGORAS I, fils de Nicocrate, hérita du fceptre de Timarque, & n'eut pas le bon efprit, comme lui, de s'allier avec Athènes, qui commençait à avoir l'empire de la Méditerranée. Cimon débarqua en Chypre avec une flotte formidable, vainquit l'allié des Perfes, & le força de fe réfugier dans les remparts de Salamine.

La paix d'Artaxerxe, qui fut conclue peu de tems après, arracha à Cimon le fruit de fes victoires : mais Evagoras n'en fut pas plus heureux ; il fe vit détrôné par fon neveu PROTAGORAS, & condamné à un exil ignominieux, où il termina fa vie.

NICOCRÉON II, qui remplaça Protagoras, gouvernait, dit-on, Salamine, à l'époque du fameux traité d'Antalcidas ;

(a) *Diod. Sicul.* lib. 11 & 12.

mais la chronologie contredit trop manifeſtement cette opinion. Au reſte, ce ferait à regret que nous mettrions ce Prince au rang des Héros du Patriotiſme; car c'était un monſtre de férocité. C'eſt lui qui, pour ſe venger d'un trait libre d'Anaxarque, contre les déſordres du trône, le fit piler dans un mortier avec des barres d'airain (*a*). On ſait que, dans l'Hiſtoire du Deſpotiſme moderne, c'eſt le ſupplice du Muphti, quand ce Pontife déplaît aux Monarques Ottomans.

Nicoclès, fils de Timarque, ſuccéda au farouche Nicocréon. A peine commençait-il à jouir des douceurs du pouvoir ſuprême, qu'un Phénicien, nommé Abdymon, vint le détrôner. C'eſt ſous le règne de cet uſurpateur, que naquit le célèbre Evagoras II, le Héros d'Iſocrate, & un des plus grands hommes dont la Grèce s'honore.

(*a*) *Diog. Laërt.* in Anax.

Evagoras (a), fils de Nicoclès, réunif-
foit la force d'Alcide à la beauté d'Alcibiade ; auffi tous les regards fe tournèrent de bonne heure, vers cet héritier
légitime du trône de Salamine. Déjà fes
qualités brillantes commençaient à faire
ombrage à Abdymon, lorfqu'une révolution imprévue, arrêta la main du tyran,
prête à frapper. Un citoyen de la capitale, qui, fans être de la famille royale
de Teucer, fe croyait appellé à gouverner les Cypriotes, confpira contre Abdymon, l'égorgea de fa propre main,
& s'empara de fon trône. Evagoras, qui
allait être enveloppé dans la profcription,
n'eut que le tems de monter fur un navire,
qui mettait à la voile, & fe fauva en
Cilicie.

La tyrannie fit refluer, en peu de tems,
une foule d'infulaires dans l'afyle d'Evagoras. Ce Prince, appellé par les vœux

---

(a) *Ifocrat.* in Evagor.

ſecrets de tout un peuple, à qui il était cher, ne conſultant que ſon courage, deſcend en Chypre avec cinquante guerriers, dont le z le était à l'épreuve, & marche vers Salamine. Son nom lui donna bientôt une armée, avec laquelle il détrôna à ſon tour l'uſurpateur, & fit trembler, juſques dans Suze, le Roi des Rois, qui ſe prévalait du traité d'Antalcidas, pour faire, de l'iſle entière, une Province de la Perſe.

Evagoras ſe lia d'une amitié étroite avec Conon, un des Héros d'Athènes, & il ne contribua pas peu au gain de la fameuſe bataille de Gnide, remportée par ce dernier, & qui ôta à Lacédémone l'Empire du Péloponèſe.

La patrie de Conon ne fut point ingrate; elle adopra, au rang de ſes citoyens, le Monarque de Salamine, & lui érigea une ſtatue à côté de celles des Théſée, des Miltiade & des Ariſtogiton.

La grande gloire d'Evagoras, eſt d'avoir ſoutenu, pendant ſix ans, avec quatre-vingt-dix galères & vingt mille hommes, une guerre avantageuse contre les Généraux d'Artaxerxe, qui avaient à leurs ordres une flotte de trois cents navires, & une armée de trois cents mille hommes; enfin, assiégé dans sa capitale, par mer & par terre, & forcé de capituler, il réussit encore, moyennant un tribut qu'il s'engagea à payer, à rester Roi de Salamine. Evagoras coûta, à la Perse, cinquante mille talents, ou un peu plus de 270,833,333 liv. de notre monnaie. L'Orateur Isocrate, qui évalue si bien la perte des talents, n'a pas jugé à propos de calculer la perte des hommes.

Evagoras vécut encore un grand nombre d'années après la conclusion de son traité avec la Perse. Sa vieillesse, heureuse & tranquille, ne fut troublée par aucun désastre (a), & il transmit son

---

(a) Il y a cependant une tradition qui veut que le grand Evagoras ait été assassiné, par un de

fceptre & fes vertus à Nicoclès II, fon
fils ; c'eft fous le règne de ce dernier,
que l'Orateur Ifocrate compofa le Pané-
gyrique d'où nous avons tiré les principaux traits du Héros de Salamine.

Malheureufement pour le genre humain,
le règne des Titus eft toujours court.
Celui du fecond Nicoclès laiffa à peine
de trace ; car Evagoras III fe trouve
Roi de Chypre, dès le commencement
de la longue tyrannie d'Ochus en Perfe.
A cet Evagoras, fuccéda un Nicoclès III,
qui fut remplacé lui-même par un Evagoras IV : cette dynaftie de Princes fans
caractère, qui portent alternativement le
nom de Nicoclès ou d'Evagoras , rend
infiniment confufe l'hiftoire chronologique des Rois de Salamine.

Tout ce qu'on fait des annales de

---

fes Eunuques ; mais cette tradition eft d'autant
plus fufpecte, qu'elle confond fous le même nom
de Nicoclès l'affaffin d'Evagoras & le Roi qui
lui a fuccédé.

Chypre , à l'époque où nous sommes ,
c'est que cette isle se révolta contre Ochus,
& qu'après une guerre , dont les succès
furent variés, un Idriée , Roi de Carie,
la remit sous sa dépendance.

De ce moment, Salamine n'eut plus
de Rois, & l'Isle entière , devenue Province de la Perse , ne tarda pas à passer
sous le joug d'Alexandre.

HISTOIRE PRIMITIVE

DE

LA SICILE.

Dans le tableau géographique de la
Grèce, on apperçoit une partie du continent de l'Europe, deux grandes presqu'isles
& un vaste archipel. L'Historien, qui,
du point élevé où il promène ses regards,
ne voit que le mouvement des masses,
distingue d'abord la presqu'isle de l'Asie
mineure, qui s'élève seule dans la Grèce
primitive; à mesure que cette presqu'isle
de l'ancien monde perd de son éclat,
une presqu'isle d'un monde récent, le
Péloponèse, devient le théâtre des plus
grands évènemens : le Péloponèse s'affaisse
à son tour, & l'Archipel prend, pour
quelques momens, sa place dans la mé-

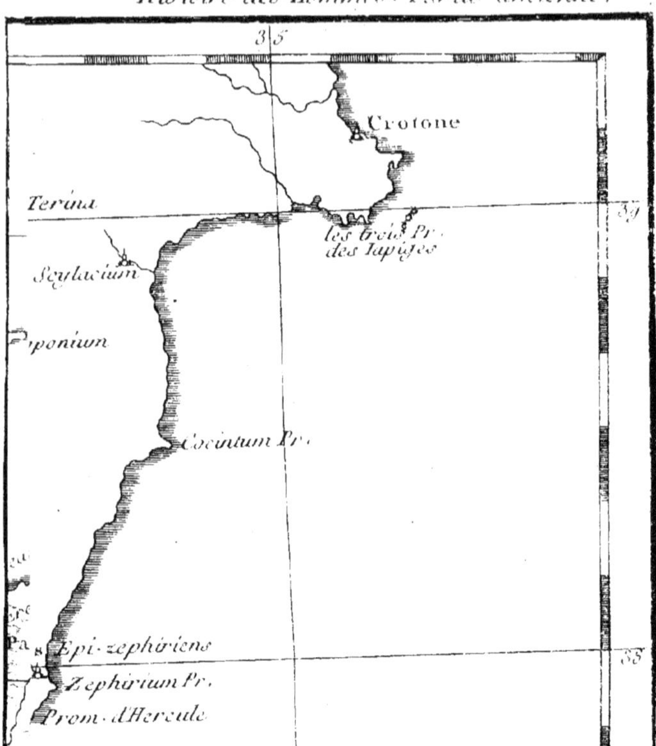
3 5
Crotone
Terina
les trois Pr.
des Iapiges
Scylacium
Viponium
Cocintum Pr.
Epi-zephiriens
Zephirium Pr.
Prom. d'Hercule
39
38

CARTE

DE LA SICILE,

pour servir à l'Histoire

DE LA GRÈCE.

Illes Éoliennes ou Vulcaniennes

DÉTROIT DE SICILE

AFRIQUE

MER MÉDITERRANÉE

Gaulos

MELITE aujourd. Malte

moire des hommes ; enfin , lorfque les deux prefqu'ifles & l'Archipel ne poffèdent plus de gránds hommes qu'en ftatues, un peuple du continent de l'Europe, dont on foupçonnait à peine l'exiftence , vient les engloutir , & fonde , fur les débris de tant de Souverainetés , une Monarchie qui embraffe un tiers du globe.

Ce tableau rapide de la Grèce , renferme le plan de fon Hiftoire. Nos premiers Volumes ont été confacrés aux annales des Monarchies de l'Afie mineure : c'était l'époque de l'enfance de la Grèce ; nous nous fommes enfuite arrêté , avec complaifance , fur le Péloponèfe, la feule contrée peut-être de l'Europe où il y eût des hommes , du moins jufqu'à la paix d'Antalcidas ; nous ne pouvions deffiner , avec trop de foin, la jeuneffe brillante de cette Grèce , & fon heureufe maturité ; nous allons , en parlant de l'Archipel, paffer à l'âge intermédiaire qui tient à fa maturité & à fon déclin ; enfin nous toucherons à fa décadence, quand, tout entiers à la Macédoine, nous mettrons les reftes d'Athènes, de Thèbes & de Lacédémone, aux prifes avec la politique ambitieufe de Philippe, & la valeur d'Alexandre.

Parmi les ifles de l'Archipel Grec, qui ont joué un rôle dans l'Hiftoire, il faut fur-tout diftinguer la Sicile : nous la verrons, tour-à-tour, laffer la conftance des trois Puiffances les plus formidables du globe, d'Athènes, de Carthage & de Rome; & le moment même où elle fut engloutie dans le monde Romain, eft encore une époque glorieufe pour elle, à caufe du génie de fon Archimède.

Pline, dans fa Géographie de la Sicile (*a*), prétend que cette ifle tenait autrefois à l'Italie par la Calabre, mais que la mer l'en fépara, avec violence, & forma tout-à-coup un détroit de mille pas de long fur cinq cents de large : cette tra-

____

(*a*) *Hiftor. Natur.* lib. 3, cap. 8.

dition a paru plus que suspecte aux Méla
& aux Strabon (*a*), & il ne faut pardonner à Pline la complaisance avec laquelle il la rapporte, ainsi qu'une foule
de contes dont fourmille son Histoire
Naturelle, que parce que ce grand homme
voulut faire lui seul une Encyclopédie.

Quand on réfléchit, dans le silence
des préjugés, sur l'architecture ancienne
du globe, s'élevant lentement sur la
surface des mers, on ne peut s'empêcher
de regarder comme une vérité fonda-
mentale, que la terre, dans sa population primitive, n'eut que des isles sur
sa surface : peu à peu ces isles se rappro-
chèrent, tinrent entr'elles par l'intermède
des isthmes, & finirent par former des
continens. Telle est la théorie de la terre,
quand on permet au Physicien d'en écrire
l'histoire.

(*a*) *De Situ. Orbis*, lib. 1, cap. 1, & *Géograph.*
lib. 5.

Il fut donc un tems où l'Italie même était une isle, & où la Sicile, loin d'en faire partie, s'en trouvait séparée par plusieurs journées de navigation ; c'est alors que les Argonautes du monde primitif parurent dans ces parages, & que s'exécuta, en particulier, le fameux voyage d'Apollonius (*a*).

L'action des courans, réunie à la retraite lente & graduée des eaux, tendit peu à peu à combler l'intervalle qui séparait l'Italie de la Sicile ; il ne reste plus aujourd'hui qu'un détroit entre ces deux contrées, détroit qui s'élève sans cesse, comme le désignent les écueils & les bas-fonds qui en rendent la navigation si difficile, & il est hors de doute qu'avant un petit nombre de siècles, l'isthme étant tout à fait formé, la Sicile deviendra une péninsule, comme l'Arabie, l'Asie

____

(*a*) Voyez la Carte géographique que nous avons dressée pour l'intelligence des anciens voyages des Argonautes.

mineure & le Péloponèſe : voilà l'ordre invariable de la nature, tandis que Pline ne lui donne qu'une marche rétrograde.

Si après les contes géographiques ſur l'ancienne Sicile , on veut connaître les contes hiſtoriques qu'on a raſſemblés ſur ſon ancienne population , on peut lire Diodore (*a*) ; là , on trouve que les Nymphes de Diane , pour rendre ſon ſéjour dans l'iſle plus agréable , créèrent , d'un coup de baguette , la fontaine d'Aréthuſe ; que lorſque Pluton & Proſerpine ſe marièrent , Jupiter leur donna la Sicile , pour préſent de noces , & que non loin de Syracuſe , on découvre l'abîme ſouterrain , par lequel les deux Divinités des Enfers ſe rendirent dans l'Empire des Ombres ; on eſt fâché de voir que Diodore , qui d'ordinaire fait ſi bien valoir le burin de l'Hiſtoire , ſe joue ici avec la plume poétique d'Ovide & d'Héſiode.

(*a*) Lib. 5 , cap. 2.

Quand les Dieux abandonnèrent la Sicile, on les remplaça par des Êtres non moins fantastiques; à en croire les traditions Grecques & Orientales, le centre de l'ifle était habité par des Géans à cent bras, par des Cyclopes, qui n'avaient qu'un œil au milieu du front, par des Leftrigons & des Lotophages, efpèces de Cannibales qui choififfaient, pour leur repaire, les antres du mont Etna, qui vivaient de la chair des étrangers & qui, lorfque cette chaffe humaine n'était pas affez abondante, fe dévoraient entr'eux. Toute cette hiftoire primitive n'a aucun fondement, & fon invraifemblance nous difpenfe de gémir fur fon atrocité.

Les premières colonies qui peuplèrent la Sicile, furent évidemment celles de Phénicie; il était impoffible, au premier des peuples navigateurs, de couvrir de comptoirs toutes les côtes de l'Afrique, jufqu'au détroit de Gibraltar, fans avoir jamais rencontré la Sicile : les courans & les orages les y portèrent d'abord, &

enfuite ils en firent un point de relâche
pour rafraîchir leurs efcadres. L'Hiftoire,
à cet égard , vient à l'appui de cette heureufe conjecture. On fait que Motya at-
tribuait fa fondation à l'Hercule Oriental:
Solonte, dont on voit encore les débris
fur le mont Catalfano, devait fa conf-
truction aux Phéniciens de Tyr , fuivant
Diodore, ou à ceux de Carthage, fuivant
Paufanias; Panorme enfin, devenue aujour-
d'hui fous le nom de Palerme, capitale de
la Sicile , était Phénicienne d'origine. C'eft
cette Panorme que l'Antiquité défignait
fous le nom de *Félix* ou d'heureufe, &
& qui n'en a pas moins été renverfée
vingt fois par les conquérans, les inon-
dations & les tremblemens de terre.

La principale de ces colonies Phéni-
ciennes , eft celle des Sicaniens , qui
habitaient originairement les bords du
fleuve Sicanus, (notre Segro) en Efpa-
gne (a). Cette peuplade , trop à l'étroit

____

(a) *Thucyd.* lib. *6* ; *Diod. Sicul.* lib. *5.*

dans ſes foyers, entra en Italie par les Alpes, il y a environ 3280 ans, & ſe répandit dans la Toſcane, dans la Campanie & dans le Latium ; enſuite elle ſe diviſa, & ceux d'entre ces Sicaniens qui ſe trouvaient le plus avides de découvertes, étant deſcendus juſques vers la pointe du Rhège, traversèrent le détroit ſur des radeaux, & paſſèrent en Sicile. Ils conquirent la partie occidentale de l'iſle, à laquelle ils donnèrent leur nom. On peut obſerver, qu'à l'époque de l'arrivée des Sicaniens, la Sicile avait ceſſé d'être le pays des enchantements, & qu'on n'y trouvait plus ni Cyclopes, ni Leſtrigons, ni Dieux de la Mythologie.

Le nom ſous lequel la Sicile eſt connue aujourd'hui, lui vient des Siules, peuple d'Italie, qui, pour ſe dérober à un joug oppreſſeur, ſe tranſporta dans cette iſle, la vingt-ſixième année du Sacerdoce d'Alcyonée, à Argos (a), c'eſt-à-

(a) *Dyoniſ. Halicarn.* Antiq. Rom. lib. **1.**

dire, quatre-vingts ans avant la prise de
Troye.

Des Troyens, eux-mêmes, contribuè-
rent à la population de la Sicile : il y en
eut qui, sous le règne de Laomédon,
vinrent y bâtir une ville d'Egeste : d'autres, après le désastre de leur patrie,
jettés par la tempête sur les côtes de cette
isle, cherchèrent un asyle contre les
vents, & les Grecs sur le mont Erix, où
ils fondèrent une ville du même nom ;
cette dernière colonie Troyenne est connue sous le nom d'Elymes, dans l'Antiquité.

On croit que le premier Grec qui se
fit Sicilien, fut un Théoclès, qui amena
dans l'isle une colonie de Chalcis, la
métropole de l'Eubée. L'année suivante,
Archias de Corynthe, vint bâtir Syracuse,
& l'époque en est fixée par les marbres,
l'an 824 de cette Ere célèbre, qui répond
à l'an 1472, de celle de Callisthène.

L'éclat naissant de la ville d'Archias,
attira bientôt en Sicile de nouvelles

colonies Grecques ; Leontium , Catane, Thapfa & Selinonte , s'élevèrent fuccef-fivement : il n'y avait que quarante-cinq ans que Syracufe était bâtie , quand un mêlange de Gnidiens , de Rhodiens & de Crétois, vinrent fonder à l'embouchure du Gela , une ville de ce nom, qui fut la patrie du Mathématicien Euclide. Cent huit ans après, un effaim forti des remparts de Gela , donna naiffance à Agrigente.

Meffine connue , dans la plus haute antiquité , fous le nom de Zancle , reçut , dans fes remparts , des pirates de Cumes, qui vinrent en faire l'entrepôt de leurs brigandages. Le nom fous lequel cette ville eft fi célèbre dans les guerres de Rome , lui vint, dans fon fecond âge, d'une colonie de Mefféniens , chaffés par les Spartiates du Péloponèfe, qui battirent les pirates de Zancle, & leur fuccédèrent, grace au tyran de Rhège, Anaxilas (a).

____

(a) *Paufan.* in Meffen. ; *Herod.* lib. 6.

Quand la Sicile fut devenue partie du monde Grec, d'autres Puissances, jalouses de sa splendeur, vinrent s'y établir ; Carthage bâtit la fameuse ville de Lilybée, domina dans Motya & dans Drepane. Rome, de son côté, entra dans l'isle par Messine, étendit peu-à-peu ses conquêtes dans l'intérieur, & finit par engloutir l'isle entière, avec sa capitale.

La Sicile, avant d'appartenir à la Grèce, ne connut que le Gouvernement Monarchique ; mais son Histoire, sous ses Rois primitifs, est parfaitement inconnue : on parle cependant d'un Cocalos, tyran des Sicaniens, qui accueillit Dédale, l'Architecte du labyrinthe de Crète : le second Minos, qui voulait avoir en son pouvoir cet Artiste, soupçonné d'avoir prêté son ministère aux amours adultères de Pasiphaë, descendit en Sicile avec une flotte puissante, pour redemander ce fameux transfuge. Mais Cocalos, qui avait, sans doute, des labyrinthes à faire construire dans sa capitale, déroba Dédale, par une perfidie digne de lui, à la vengeance du Roi de Crète : il invita le Monarque étranger à prendre le bain dans son palais, & l'y fit étouffer par les vapeurs. Les Crétois, à qui on fit croire que Minos, s'était noyé par accident, ne vengèrent point sa mort. Ils se répandirent dans la Sicile, & y bâtirent une ville, à laquelle ils donnèrent le nom du malheureux époux de Pasiphaë.

Les Sicaniens, que gouvernait Cocalos, furent asservis par les Carthaginois, jusqu'à la première guerre punique, où Rome leur rendit leur indépendance.

Les Sicules (*a*) eurent aussi des Rois dans leur âge primitif, dont le premier fut, dit-on, Eole, le Dieu phantastique des vents. Ce Roi navigateur fut remplacé par Butes, auquel succéda Erix, & ensuite Ducétos, qui, vaincu par les Sy-

____

(*a*) **Diod. Sicul.** lib. 13 ; *Justin.* lib. 4,

racufains , & n'ayant plus de couronne , alla mourir obfcur , dans les remparts de Corynthe.

Nous ne parlons point ici de quelques villes indépendantes , qui ne joueront qu'un rôle fubalterne dans la Sicile, parce que leur Hiftoire fe trouve liée avec celle de Syracufe. Agrigente , feule , mériterait peut être quelque exception , à caufe de Phalaris (a) , un de fes Souverains , dont le nom eft devenu célèbre dans les annales fanglantes de la tyrannie. Un Artifte d'Athènes , nommé Pérille , imagina , pour lui faire fa cour , un taureau d'airain , qu'on embrâfait par degrés , après y avoir renfermé les victimes du defpote. Ce lâche favori des tigres couronnés , y fut renfermé le premier , pour avoir mis un trop haut prix à fon horrible découverte , & Phalaris , quelque tems après , ayant porté la tyrannie à

____

(a) *Lucian* , Dialog. 3 , de Poët ; *Cicer.* de Officiis , lib. 2.

ce dernier période qui appelle la révolte , arrêté dans son palais , par ses propres Sujets , périt par le même genre de supplice.

Maintenant que toutes les landes de l'histoire de Sicile sont défrichées, hâtons-nous de parcourir les annales brillantes de Syracuse.

HISTOIRE

DE

SYRACUSE.

DE GÉLON,

LE PREMIER DE SES

MONARQUES CONNUS (a).

Syracuse, depuis sa fondation par Archias de Corinthe, essaya obscurément, pendant deux siècles & demi, à envahir le sceptre de la Sicile : si elle se consuma si long-tems en vains efforts, il faut l'at-

---

(a) *Herod.* lib. 7 ; *Diod. Sicul.* lib. 11 ; *Polyb.* lib. 3 ; *Aristot.* Politic. lib. 8.

tribuer à l'inconstance de son Gouverneur, qui n'ayant point de base assurée, n'imagina que des plans vagues de conquêtes : en proie tour-à-tour à la tyrannie du pouvoir absolu, & aux convulsions de la Démocratie, cette ville, jusqu'à l'avènement de Gélon, ne fit que pressentir sa célébrité, & pendant ce long intervalle, n'ayant point d'hommes dans son sein, elle ne mérite aucune place dans l'Histoire.

Gélon, né à Géla, dans le tems que cette ville gémissait sous la tyrannie d'Hippocrate, subjugua, pour son Souverain, un grand nombre de petits peuples, qui avoisinaient ses Etats, & après la mort du tyran, s'étant fait nommer tuteur de ses fils, il ne les protégea contre le peuple, que pour les détrôner. Ces commencemens ne désignent qu'une ambitieux vulgaire, & il fallut à Gélon vingt ans de gloire pour les faire oublier.

Le génie du successeur d'Hippocrate, avait trop d'activité pour se contenter d'un théâtre aussi peu étendu que celui de Géla. Ce Prince se pratiqua des intelligences secrettes dans Syracuse ; & sous prétexte d'y rétablir des citoyens injustement bannis, il se fit ouvrir les portes de cette métropole de la Sicile. Les factieux ne virent dans Gélon que le protecteur des loix du pays, jusqu'à ce que l'adroit conquérant leur donnât les siennes.

Gélon, une fois maître de Syracuse, abandonna son ancienne souveraineté à Hyéron, son frère, & ne songea qu'à se conserver la nouvelle. Il eut des dissentions intestines à étouffer, & il le fit aux dépens de la liberté publique ; il eut des guerres à soutenir avec ses voisins, & il triompha par-tout. Bientôt le nom de Gélon fut la terreur de toute la Sicile, & l'isle entière sembla partagée en deux, la partie qu'il protégeait, & celle qu'il avait subjuguée.

La politique de Gélon, dans ses conquêtes, tendait à la fois à augmenter la grandeur de Syracuse, & à étendre son propre pouvoir. Quand il prenait une ville d'aïaut, il deſtinait le bas peuple à l'eſclavage; pour les citoyens opulens, il les transférait dans ſa capitale, & leur accordait les mêmes priviléges qu'aux Indigènes. Son grand principe était que mille hommes opulens ſont bien plus aiſés à gouverner, qu'un ſeul qui n'a rien à perdre. Voilà pourquoi, dans les monarchies abſolues, les hommes qui repréſentent, ſont tout, & que le peuple n'eſt rien.

Il fallait que Gélon, au tems de l'invaſion de Xerxès, fût déjà un des Souverains les plus puiſſans de l'Europe, puiſqu'il offrit aux Grecs une flotte de deux cents navires, & une armée de trente mille hommes, pourvu qu'il fût nommé généraliſſime des forces du Péloponèſe. La fierté d'Athènes & de Lacédémone s'indigna d'une condition qu'elle trouvait humiliante ; & ces Républiques aimèrent mieux s'expoſer à être anéanties

par les Perſes, que de devoir leur ſalut
à un Souverain de Syracuſe.

Cependant Gélon, le premier homme
d'Etat de ſon ſiècle, ne s'endormit pas
ſur les ſuites de l'armement prodigieux
de Xerxès contre la Grèce. Dès qu'il
ſut que ce Prince avait paſſé l'Helleſ-
pont, il envoya Cadmus, chargé de
riches préſens, à Delphes, avec ordre,
ſi les Perſes étaient vainqueurs, de rendre hommage à leur Roi, au nom de
la Sicile; & s'ils étaient défaits, de rap-
porter ſes préſens à Syracuſe.

Cadmus, autrefois Souverain de Cos,
& qui, après avoir abdiqué le pouvoir
ſuprême, qu'il ne croyait pas devoir appartenir à ſa maiſon, vivait depuis long-
tems, ſans titre & ſans diſtinction, à
Zancle; Cadmus, dis-je, pouvait s'ap-
proprier, ſans danger, le dépôt de Gélon. Mais l'homme généreux, qui dédaigne les trônes, n'attache pas un grand
prix à l'or. L'ancien Roi de Cos répondit
à l'idée que Gélon avait de ſon intégrité;

& à peine eût-il appris la défaite de Xerxès, qu'il rapporta les sommes immenses dont on l'avait chargé, à Syracuse.

Gélon, à cette époque, ignorait encore tous les projets destructeurs de Xerxès contre le repos de son pays. En effet, lorsque ce Prince, dans son rêve de la conquête du monde, arma cinq millions d'esclaves, pour subjuguer une poignée d'hommes, il fit une ligue avec Carthage, pour que cette République attaquât les colonies Grecques de la Sicile & de l'Italie, pendant que lui-même irait embraser l'Archipel ; & Carthage, qui s'inquiétait peu de maintenir l'équilibre politique du globe, pourvu qu'elle s'aggrandît, se prêta à cette lâcheté.

Les préparatifs de cette guerre mémorable, durèrent trois ans. La flotte que firent équiper les Suffètes, montait à deux mille navires armés en guerre, & à trois mille bâtimens de charge ; pour l'armée de terre, elle était composée de trois cents mille hommes.

L'efprit de Xerxès femblait animer tous les Carthaginois. Ces républicains s'imaginaient, comme le Defpote petit & fuperbe, qu'on ne fait de grandes chofes qu'avec de grandes armées, & heureufement pour les hommes, ils fe trompèrent comme lui.

La flotte Carthaginoife aborda à Palerme (l'ancienne Panorme), fous la conduite d'Amilcar, un des premiers Capitaines de fon fiècle, & on fit le fiége d'Himère.

Heureufement pour la Sicile, Gélon réuniffait la politique de Lyfandre à la bravoure des Miltiade & des Léonidas. Ce Prince ne s'effraya point du nombre formidable des déprédateurs de la Sicile, & il marcha à leur rencontre. Une rufe militaire le fervit prefqu'autant que fon courage. Amilcar attendait un renfort de troupes de Sélinonte. Le Héros de Syracufe, qui en fut inftruit, fit partir un pareil nombre de fes foldats, avec de faux étendarts, qui furent reçus comme des auxiliaires de Sélinonte, pafsèrent au fil de l'épée tous les Carthaginois qui fe défendirent, mafsacrèrent Amilcar lui-même, & mirent le feu à fa flotte. Au milieu de la mêlée, Gélon parut, à la tête de fon armée entière, tomba fur l'ennemi, déja confterné de la perte de fon Général & de l'incendie de fes vaiffeaux, & réuffit à mettre le refte en fuite. Le carnage fut horrible. On prétend qu'il y eut cent cinquante mille Carthaginois qui périrent ; le refte fe rendit, & fut fait efclave. Pour comble de défaftre, une vingtaine de navires, qui avaient échappé à l'incendie, furent accueillis d'une tempête affreufe, & fubmergés. Carthage n'apprit cette défaite fanglante, que par les loix que le vainqueur lui impofa. Hérodote place cette victoire mémorable de Gélon, le jour de la bataille de Salamine, & Diodore, celui du combat des Thermopyles.

Après la bataille, Gélon s'occupa à faire le partage des prifonniers de guerre;

le nombre s'en trouva ſi grand , qu'il parut fatiguer juſqu'au luxe des vain- queurs, il y eut tel citoyen d'Agrigente, renommé par ſa bravoure , à qui il en échut juſqu'à cinq cents ; il ſemblait , dit le moins exagérateur des Hiſtoriens de la Grèce , que l'Afrique entière ſe fût tranſplantée en Sicile. Ceux des Carthaginois, qui ne furent ni cédés , ni vendus , devenus eſclaves du Gouver- nement , travaillèrent à la réparation des temples de Syracuſe.

Gélon , arbitre , par ſa victoire , de la deſtinée de Carthage , en profita pour faire , avec cette République , le plus beau traité qui ſoit jamais ſorti de la main des Rois. Il exigea , outre deux mille talents d'indemnité pour les frais de la guerre, que le ſang des hommes ne coulerait plus ſur les autels de Sa- turne. *Choſe admirable !* s'écrie à ce ſujet le Préſident de Monteſquieu , *après avoir défait trois cents mille Carthaginois , il impoſait une loi qui n'était utile qu'à eux , ou plutôt il stipulait pour le genre humain* (a).

Ce grand homme, qui se défiait de la foi Carthaginoise, sur-tout quand il s'agissait de renoncer à d'antiques superstitions, ne ratifia la paix, qu'à condition que les vaincus éléveraient deux temples, où le traité serait mis en dépôt. Les temples furent construits, le traité de Gélon placé dans le sanctuaire, & les sacrifices humains continuèrent sur les autels de Saturne.

Plus Gélon méritait de sa patrie, plus il déploya de grandeur d'ame envers elle; il pouvait, après sa victoire sur Carthage, étendre un sceptre de fer sur Syracuse; mais, se fiant à sa renommée, il licentia ses troupes, convoqua une assemblée générale des états dans sa capitale, & quoique tout le monde, en vertu de ses ordres, s'y fût rendu armé, il osa s'y

---

(a) *Esprit des Loix*, liv. 10, chap. 5.

préfenter fans épée & fans gardes. » Ci-
» toyens, leur dit-il, j'ai déployé, pour
» vous rendre heureux, le pouvoir fu-
» prême que vous m'avez confié ; fi je
» ne fuis trompé, je viens fubir mon
» fort ; frappez votre victime «.

Une pareille harangue réparerait vingt
ans de crimes. Gélon, qui, depuis que
fon ambition était fatisfaite, n'en avait
point à fe reprocher, fut entendu, avec
enthoufiafme, de la part d'un peuple
qui fe connaiffait en grandeur d'ame ;
jufqu'alors, ce Prince s'était contenté du
titre modefte de Prêteur de Syracufe ;
on le força à prendre celui de Roi, &
un décret, émané de la nation, déféra,
après fa mort, la couronne à fes deux
frères, Hyéron & Trafibule.

Le tems ne rallentit point cet enthoufiafme. Syracufe, dans la fuite, voulant
donner une leçon aux Rois, deftinés à
la gouverner, fit ériger, en mémoire de
la générofité de Gélon, une ftatue qui le
repréfentait en habit de fimple citoyen,

déférant, à son peuple, le droit de le juger; & cette statue échappa à toutes les révolutions que subit le trône de Syracuse : cent trente ans après, Timoléon ayant rendu, à la métropole de la Sicile, son indépendance, afin d'anéantir jusqu'aux dernières traces de la tyrannie, fit faire le procès aux statues de ses Souverains ; les témoins entendus dans cette cause mémorable, toutes furent condamnées, à l'exception de celle de Gélon, qu'on conserva, dans un temple, avec les images des Dieux de Syracuse (*a*).

Gélon méritait une reconnaissance aussi active ; car du moment où il ne trouva plus de rivaux dans le sentier de la gloire, il n'eut plus que l'ambition des grandes ames, celle de faire des heureux ; il fut le premier homme, dit le sage Diodore, qui devint plus vertueux, après être parvenu à la couronne. Le second

______

(*a*) *Ælian.* Var. Histor. lib. 13.

a été Marc-Aurèle ; enfuite il faut fermer les livres d'hiftoire.

On parle beaucoup des encouragemens que Gélon donna à l'agriculture ; il ne dédaignait pas d'employer fes mains royales à traîner la herfe, & à diriger le foc d'une charrue ; auffi la Sicile commença, fous fon règne, à être le grenier de l'Europe.

Il protégea les arts & la raifon ; car il eft de l'effence de tout bon Gouvernement d'étendre le cercle des connaiffances humaines & d'appeller les lumières.

Pour achever fon éloge, il ne fit jamais moins fentir fon pouvoir à fon peuple, que lorfque, par fon élévation au trône, ce pouvoir fut devenu légitime ; fimple Prêteur de Syracufe, il fe faifait obéir à l'égal des Rois ; mais quand il fe vit Roi, il ne demanda plus que la déférence due à un fimple Prêteur de Syracufe.

Il eft trifte qu'un règne auffi beau ait été auffi court ; le ciel ne fit, pour ainfi dire, que montrer Gélon à la Sicile; avant d'avoir joui ſept ans entiers de la ſatisfaction d'être le père de ſon peuple, il mourut d'une hydropiſie. On lui érigea, à vingt milles de Syracuſe, un mauſolée entouré de neuf tours, qui fut, dans la ſuite, abattu, en partie par la haine de Carthage, en partie par la jalouſie d'Agathocle, & on lui décerna, comme aux Perſée & aux Alcide, les honneurs de l'apothéoſe.

RÈGNE D'HYÉRON I (*a*).

LA gloire de Gélon était un fardeau qui devait écraser son successeur ; aussi le règne d'Hyéron commença - t - il sous d'assez sinistres auspices. Se défiant de la fidélité de son peuple, il s'entoura de gardes étrangers, & défendit l'entrée de son palais à tout citoyen de Syracuse. Polyzèle, son frère, irrita aussi sa jalousie, &, dans la crainte d'en être détrôné un jour, il chercha, suivant les maximes du despotisme Oriental, à le faire périr. Heureusement celui-ci, instruit du complot, eut le tems de se sauver chez Théron, son gendre, Roi d'Agrigente.

Syracuse gémissait, mais en silence : le nom de frère de Gélon était la sauve-

---

(*a*) *Diod. Sicul.* lib. 11.

garde contre les troubles que faifait naître la tyrannie ; au refte , l'oppreffion n'eut pas le tems de parvenir à fon comble , & quelques guerres heureufes ramenèrent à Hyéron les cœurs, que fes fourdes violences avaient aliénés. Il remporta une victoire navale fur des corfaires Etruriens, qui infeftaient les côtes de la Sicile de leurs brigandages ; il défit , non loin des murs de Syracufe , Thrafidée, tyran d'Agrigente , & le força, après l'avoir détrôné, de chercher un afyle dans Mégare, où l'infortuné fe donna la mort. L'exploit, dont la vanité de ce Prince aimait le plus qu'on rappellât la mémoire , était d'avoir chaffé de leurs foyers les habitans indigènes de Catane & de Naxe , & de les avoir remplacés par une colonie de dix mille hommes , dont la moitié était originaire de Syracufe , & l'autre du Péloponèfe. Il eft vrai que la reconnaiffance des nouveaux citoyens de ces deux villes éclata du vivant d'Hyéron , par l'érection de plufieurs ftatues, & après fa mort par le

décret qui lui décerna les honneurs de
l'apothéofe.

Des guerres, même heureufes, des
ftatues que le caprice érige, & qu'il
fait abattre, une apothéofe que le bienfaiteur des hommes partage avec le brigand qui les a opprimés, ne font pas
des titres affurés à l'hommage des fiècles.
Hyéron, qui s'en doutait, prit d'autres
mefures, pour fe faire une efpèce de renommée indépendante des revers; il accueillit les Poètes, dont il connaiffait le
peu de caractère, fe flattant qu'ils dégui-
feraient, avec art, leurs adulations, fous
le voile de la reconnaiffance. Cette politique réuffit au tyran de Syracufe, & grace
aux Odes des Pindare & des Simonide,
le nom d'Hyéron eft prefque devenu
fynonyme à celui de grand homme.

Xénophon, auffi Poète que Simonide
ou Pindare, comme on peut en juger
par fon Roman épique de la Cyropédie,
a choifi auffi Hyéron pour fon héros, dans
un Dialogue oratoire *fur l'infortune des*

Rois : il ne faut pas plus chercher le vrai caractère du Monarque de Syracufe dans de pareils ouvrages, que celui d'Augufte dans les Odes d'Horace, ou celui de Néron dans la Dédicace de la Pharfale.

Diodore, qui juge Hyéron par les faits, & non par des ftrophes lyriques, déclare pofitivement que ce Prince fut avare, diffimulé & fanguinaire : un fiècle après, quand Timoléon fit le procès aux ftatues des Rois de Syracufe, il partit de ces mêmes faits, pour dégrader celle d'Hyéron : voilà les autorités dont la plume impartiale de l'Hiftoire s'honore. Le demi-dieu de Pindare & de Simonide, mourut à Catane, la dixième année de fon règne, fuivant Ariftote (*a*), & la onzième ou la treizième, fuivant deux textes contradictoires de Diodore (*b*).

(*a*) *Politic.* lib. ʒ, cap 12.
(*a*) *Hiftor. Univerf.* lib. 11 & lib. 12.

TYRANNIE DE THRASYBULE.

RÉVOLUTION QUI REND LA LIBERTÉ A SYRACUSE.

SI la renommée d'Hyéron en impofa, même à fon fiècle, il faut l'attribuer, non-feulement à la flatterie des Poètes, mais encore à l'avantage qu'eut ce Prince d'être remplacé par un tyran, fur la férocité duquel il ne pouvait y avoir de partage. Thrafybule, en effet, nous eft repréfenté fous les traits du Phalaris d'Agrigente. Perfuadé que l'homme qui gouverne eft tout, & que la multitude qui eft gouvernée n'eft rien, il fe fit la loi vivante de Syracufe; tout ce qui lui faifait ombrage était facrifié impitoyablement à fes jaloufes fureurs. Les grâces du fexe, l'ingénuité de l'enfance, les rides vénérables de la vieilleſſe, rien ne mettait à l'abri de ſes attentats. Le trône, comme le repaire du tigre, ruiſſelait de ſang. Cette abominable tyrannie dura neuf mois. Au bout de cet intervalle, les Siciliens, quittes envers la mémoire de Gélon, rentrèrent dans les droits de la défenſe naturelle, & après avoir déclaré ſolemnellement Thraſybule ennemi de la patrie, ils proſcrivirent ſa tête.

Le tyran était entouré de quinze mille étrangers, ſatellites de ſes fureurs. Quand la révolution s'opéra, il ſe mit en défenſe, & menaça d'embraſer la ville : dans l'intervalle, il vint des troupes de Géla, d'Hymère, de Sélinonte & d'Agrigente, au ſecours des Syracuſains, & Thraſybule, vaincu & réfugié dans un quartier de la ville, deſcendit à l'humiliation de capituler avec ce qu'il appellait des rebelles ; les vainqueurs lui accordèrent la vie, à condition qu'il ſe bannirait à jamais de la Sicile. L'offre fut acceptée, & le tyran, après avoir abdiqué le pouvoir ſuprême, alla mourir, obfcurément, dans un coin de l'Italie.

Le jour de la capitulation de Thrafybule, il y eut une affemblée des états dans Syracufe, où, après avoir arrêté qu'on érigerait, en mémoire de l'expulfion du tyran, une ftatue coloffale à Jupiter libérateur, on changea la Monarchie en République. Malheureufement un article de la nouvelle conftitution, portait qu'aucun des étrangers, à qui Gélon avait accordé le droit de bourgeoifie, ne pourrait être élevé aux magiftratures ; & les troubles que fit naître cette diftinction odieufe, amenèrent une guerre civile, non moins fatale que la tyrannie de Thrafybule.

Les étrangers s'affemblèrent au nombre de fept mille, armèrent leurs efclaves, & s'étant rendus maîtres de l'Achradine & de l'Ifle, deux des principaux quartiers de Syracufe, ils demandèrent, l'épée à la main, qu'on les rétablît dans leurs priviléges. Le peuple ne voulut pas revenir fur fes pas. Alors, il y eut un combat sanglant au milieu de Syracuse, où les étrangers ne cédèrent qu'au nombre. Ils furent presque tous égorgés sur le champ de bataille.

C'est ainsi que la démocratie s'établit dans la capitale de la Sicile : cette forme de Gouvernement se maintint soixante ans, c'est-à-dire jusqu'à Denys l'ancien, que nous verrons bientôt tourmenter doublement cette ville infortunée, avec la politique ombrageuse d'Hyéron & le poignard de Trasybule.

Cependant, il restait toujours, dans l'esprit de la noblesse de Syracuse, un levain secret de tyrannie. Les nouveaux démocrates, pour l'empêcher de fermenter, empruntèrent d'Athènes sa fameuse institution contre les hommes puissans qui lui faisaient ombrage. Seulement, comme le citoyen qui proscrivait, donnait son suffrage sur une feuille d'olivier (*pétalon* en grec) : ce qu'on appellait ostracisme à Athènes, se nommait pétalisme dans Syracuse.

Syracufe République, devint plus flo-
riffante que jamais; alors, elle voulut
étendre fon fceptre dominateur fur toute
la Sicile; ce qui l'engagea dans une guerre
défaftreufe, où fes pertes ne purent être
rachetées par fes nombreufes victoires.

EXPÉDITION

DES

ATHÉNIENS EN SICILE.

SIÉGE DE SYRACUSE.

DÉFAITE DE NICIAS ET DE DÉMOSTHÈNE (a).

LA tyrannie avec laquelle Syracuse voulut dominer dans là ville libre de Leontium, & l'appui injuste qu'elle accorda aux citoyens de Sélinonte, qui s'étaient emparés d'une partie du terri-

____

(a) *Thucyd.* lib. 6 & 7 : *Diod. Sicul.* lib. 12 & 13 ; *Plutarch.* in Niciâ.

toire d'Egeſte , furent le prétexte de l'invaſion des Athéniens en Sicile. Nous avons vu , dans le Volume précédent, comment Alcibiade, contre les principes de la plus ſaine politique , engagea ſa patrie à cette guerre étrangère , tandis qu'elle en avait une autre , contre le Péloponèſe , à ſoutenir ſur ſes propres foyers. Ce fut ſon éloquence impétueuſe qui ſeule décida ſa nation : on équipa , à la hâte, une flotte de cent quarante navires, dont on partagea le commandement entre lui , Lamachus & Nicias ; & avant que cette flotte mît à la voile, il y eut une conférence ſecrette entre le Sénat & les Généraux , ſur la manière dont on adminiſtrerait la Sicile, du moment où elle deviendrait une province de l'Empire d'Athènes ; car les Magiſtrats, échauffés par Alcibiade, ſouriaient de dédain, quand on leur parlait de la réſiſtance de Syracuſe. Le réſultat de cette étrange conférence , fut qu'on vendrait , comme eſclaves , les habitans de Sélinonte & de Syracuſe , &

qu'après avoir soumis le reste de la Sicile
à un tribut annuel, on lui permettrait de
se gouverner suivant les loix de ses vainqueurs.

Heureusement, pour la terre, que la
destinée des États n'est pas dans les
mains du premier ambitieux, qui met
sa gloire à les bouleverser; les Syracusains se mesurèrent, avec succès, avec
les vainqueurs du Péloponèse, & les
fers, qu'on avait apportés pour les enchaîner, servirent à charger les mains
des prétendus conquérans de la Sicile.
Alcibiade, au reste, ne fut point témoin
de tous ces défastres; arrivé devant Catane, il descendit du vaisseau amiral,
pour monter le fameux vaisseau de Salamine, destiné à transporter les criminels d'état; & pendant que la Religion
dévouait au supplice sa tête chargée d'a-
nathêmes il alla demander un asyle, contre les Prêtres de sa patrie, aux guerriers
de Lacédémone.

Il y eut une première action près

d'Olympie , où les Athéniens eurent
l'avantage ; mais un orage affreux, qui
survint au milieu de la mêlée , empêcha
les vainqueurs de rendre cette journée
décisive. Les Syracusains , couverts, dans
leur retraite , par leur cavalerie , qui n'a-
vait point eu part au combat, rentrèrent,
en bon ordre , dans les murs de leur capitale.

Les Siciliens profitèrent de la saison
de l'hiver , pour envoyer des Ambassadeurs à Corynthe & à Lacédémone. Cette
dernière ville , animée par le fameux
transfuge Alcibiade , promit à ses alliés ,
trois mille hommes de pied & deux cens
chevaux ; mais avant que ce renfort fût
en état de mettre à la voile , Nicias vint
faire le siége de Syracuse.

Syracuse n'avait point encore d'Archimède dans ses remparts; mais elle venait,
tout récemment, de se former en République , & le génie de la liberté suppléait,
chez elle, au génie des machines : elle se
défendit avec une vigueur incroyable , &

fatigua les affiégeans par le nombre &
l'audace de fes forties. Il y en eut une
célèbre, où la ligne de circonvallation
fut rompue, & où Lamachus, le collègue
de Nicias, fut tué.

Cependant, le fiége ne pouvait pas
être de longue durée, parce que l'ennemi
était maître du quartier d'Epipole, qui do-
minait la ville, & que les Syracufains man-
quaient d'eau. Au moment où une multitude timide propofait déja de capituler,
Gylippe parut, à la tête des troupes auxiliaires de Lacédémone, dans les plaines
de Syracufe. Ce Général marcha droit à
Epipole, & rangea fa petite armée en
bataille devant la forterefle ; enfuite,
avec cette audace Spartiate, qui préfage
le fuccès, & que le fuccès juftifie, il fit
fommer un ennemi, fupérieur en nombre, de fortir, fous cinq jours, de la
Sicile. Nicias, qu'on n'intimidait pas
avec de la fierté, répondit au héraut
par le figne du dédain. Alors, les hoftilités commencèrent, le fort fut pris

d'aſſaut, & tous les Àthéniens qui le défendaient furent paſſés au fil de l'épée.

De ce moment, les affaires de Syracuſe changèrent de face. Corynthe lui envoya treize galères chargées d'hommes & d'argent. Diverſes villes de la Sicile firent paſſer, dans ſes murs, des guerriers chargés de la défendre. Alors Nicias, qui voyait ſes forces diminuer de jour en jour, tandis que celles de ſes ennemis augmentaient à proportion, battu de nouveau par Gylippe, & ne continuant que par vaine gloire le ſiége d'une place devenue imprenable, demanda, à Athènes, des renforts & un ſucceſſeur; on équipa auſſi-tôt ſoixante & treize galères, chargées de huit mille hommes de débarquement, & on les fit partir au ſecours de Nicias, ſous la conduite du Général Démoſthène, qu'il ne faut pas confondre avec l'Orateur célèbre de ce nom, dont le patriotiſme retarda l'eſclavage du Péloponèſe.

A peine Syracufe fut-elle inftruite de tous ces mouvemens, qu'elle fongea à détruire la flotte Athénienne, qui bloquait la ville, avant fa réunion avec l'efcadre de Démofthène. Il y eut, à cet effet, non loin du port, un combat naval, qui coûta beaucoup de navires & d'hommes de part & d'autre. Cependant Nicias eut l'avantage.

Pendant l'action, les Athéniens, qui gardaient les retranchemens, avaient eu l'imprudence de quitter leurs poftes, & de fe rendre fur le rivage, pour juger de la manœuvre des deux flottes; Gylippe, à l'expérience duquel aucune faute d'un ennemi fupérieur en nombre n'échappait, voyant les forts qui entouraient Syracufe mal gardés, les prit d'affaut, & paffa enfuite au fil de l'épée les Athéniens, qui, affis tranquillement fur le rivage, fe croyaient à un fpectacle : Nicias & Gylippe érigèrent, chacun de leur côté, des trophées, pour annoncer leur victoire.

Cependant, l'échec de Syracuse, sur mer, lui faisait sentir, plus que jamais, le danger de la jonction des deux flottes ennemies. Son Amiral exécuta une manœuvre si savante, qu'il força Nicias à combattre une seconde fois. Le succès, dans cette occasion, ne parut pas balancé. Les Athéniens furent vaincus, & perdirent sept galères.

Pendant que Nicias consterné, cherchait à réparer la honte de sa défaite, on vit paraître la flotte de Démosthène, qui voguait à pleines voiles. Toutes les galères étaient ornées, à la proue, de fleurs & de banderolles, & les musiciens, debout sur les tillacs, faisaient retentir les airs de leurs chants de victoire; c'est dans cet appareil de triomphateur, que le collègue de Nicias vint se faire battre devant les murs de Syracuse.

Peu de tems après le débarquement de la flotte de renfort, il y eut un assaut général, donné malgré Nicias. Deux mille Athéniens y perdirent la vie. Une épidémie, caufée par les vapeurs peftilentielles des marais, auprès defquels on était campé, acheva de porter la défolation dans cette armée, qui ne demandait, dans l'origine, qu'à paraître en Sicile, pour la conquérir; alors, on fongea à lever le fiége, & l'ordre fut donné pour ramener les débris de la flotte dans les mers du Péloponèfe.

Déja le fignal du départ était donné: on avait abandonné, en filence, les lignes de circonvallation, & les foldats commençaient à s'embarquer, quand le foleil s'éclipfa tout-à-coup. Nicias, qui n'avait que la mauvaife phyfique de la fuperftition, s'effraya, eut la faibleffe de confulter les devins, qui lui ordonnèrent, au nom des Dieux, de différer fon départ de neuf jours, & ce délai fatal le perdit lui & fon armée.

Syracufe ne tarda pas à être inftruite de la fuite des affiégeans; alors, profitant de leur confternation, elle fit fortir, de fon port, une flotte de foixante navires,

qui eut l'audace d'attaquer celle des ennemis, quoique très-supérieure en nombre, puisqu'il lui en restait encore quatre-
vingt-six. Une fausse manœuvre d'Eury-
médon, qui commandait l'aîle droite de
la flotte Athénienne, décida du succès de
cette journée; comme il avait donné trop
d'étendue à sa ligne, la plus grande partie
de ses vaisseaux furent détachés du reste
de la flotte. Agatharque, un des Amiraux
de Syracuse, en profita pour le pousser
dans un golfe, où il fut vaincu & tué.
Cette action coûta, à Athènes, dix-huit
navires & deux mille hommes.

Pour comble de malheurs, les débris
de la flotte de Nicias & de Démosthène
ayant cherché un asyle dans le port de
Syracuse, l'ennemi vainqueur se hâta de
les y bloquer. On ferma l'embouchure
de la rade avec des galères mises en
travers, & arrêtées, soit avec des ancres,
soit avec des chaînes de fer, & soixante-
quatorze navires postés derrière cette digue nouvelle, veillèrent à ce qu'elle ne

fût pas rompue. Les Athéniens, ainsi
assiégés à leur tour, se ressouvinrent un
moment des triomphes de leurs ancêtres à Platée & à Marathon ; & dans
un conseil de guerre, que tinrent leurs
généraux, il fut résolu unanimement,
qu'on s'ouvrirait, le fer à la main, un
passage au travers de la flotte ennemie,
ou que, si la barrière ne pouvait être
brisée, on mettrait le feu à ses propres
vaisseaux, pour se rendre, par terre, dans
la plus prochaine des villes alliées. Ce
plan arrêté, Nicias fit monter l'élite de
ses troupes sur sa flotte, & ranger le
reste de son armée en bataille, sur le
rivage.

Cette journée allait décider du sort
de la Sicile, & Syracuse toute entière,
rassemblée au haut de ses remparts, attendait, dans le silence de l'inquiétude, le
signal de la trompette. Aussi-tôt qu'il fut
donné, on vit les Athéniens fondre sur
la ligne de navires qui les bloquaient,
& s'en emparer. Cet évènement, auquel

on s'attendait de part & d'autre, donna
du courage aux soldats de Nicias, mais
sans en ôter à ceux de Syracuse. Le moment terrible fut celui où on tenta de
rompre la chaîne. Deux cents galères,
réunies dans un si petit espace, & à qui
leur position défavantageuse interdisait
toute manœuvre, présentaient un spectacle que l'œil le plus agguerri soutenait
à peine. La grêle de pierres & de traits,
qu'on voyait venir sans pouvoir l'éviter,
le fracas des navires, qui s'entrecho-
quaient, l'abordage tenté dans un vaisseau ennemi, tandis que celui où l'on
combattait, était lui-même abordé, le
refoulement des vagues, produit par les
vaisseaux que la mer engloutissait dans
son sein, tout contribuait à varier les
images du désespoir, & les scènes de carnage. Enfin, la cause la plus juste l'emporta, & les Siciliens, devenus maîtres
de la mer, poussèrent un cri de joie qui
fut répété à l'instant sur les remparts de
Syracuse.

Trois jours après la bataille, les Athéniens se mirent en marche pour se rendre, par terre, à Catane. On ne peut exprimer l'impression que fit sur eux le spectacle terrible du rivage, qu'ils étaient obligés de traverser ; les cadavres de leurs concitoyens y étaient entassés par monceaux, & l'odeur infecte, qui s'en exhalait, appellait la peste pour punir les crimes de la guerre. Les blessés, qu'on était obligé d'abandonner à la voracité des bêtes féroces, se traînaient, en perdant tout leur sang, à la suite de cette armée fugitive ; & quand les forces venaient à leur manquer, ils mordaient la poussière ensanglantée qui allait recevoir leurs derniers soupirs, maudissant à la fois Athènes & Syracuse, Alcibiade qui les avait séduits par son éloquence, & les Dieux qui les avaient trompés par de faux présages.

La plus intéressante de toutes ces victimes des fureurs de la guerre, était Nicias, sans doute. Ce général, autrefois le foutien de fa patrie par fes exploits, & qui n'était parvenu à une longue vieilleffe, que pour la voir empoifonnée par l'opprobre & par la douleur, portait dans fon cœur la peine du foldat, dont il était le père, & cherchait à la déguifer fous une feinte férénité. L'avant-garde qu'il commandait fe détacha, dans une nuit orageufe, du refte de l'armée, qui s'égara avec Démofthène. L'ennemi, qui s'en apperçut, tomba fur cette dernière divifion, & après un combat meurtrier, l'obligea de fe rendre à difcrétion avec fon Général. La capitulation portait qu'on ne pourrait ni ôter la vie aux vaincus, ni les retenir dans une prifon perpétuelle; à cette condition, fix mille Athéniens rendirent leurs armes.

Le lendemain, Nicias fut atteint lui-même par l'armée victorieufe, & après une action, qui coûta encore, fans fruit, beaucoup de fang à fes troupes, il fut obligé de fubir, avec elles, le fort de Démofthène.

Les Siciliens & les Spartiates, réunis après cette double victoire, rentrèrent, en triomphe, dans Syracuse.

SUPPLICE DE NICIAS

ET

DE DÉMOSTHÈNE (a).

UN des plus grands inconvéniens de la démocratie, c'est que la multitude, une fois échappée à un grand danger, dans l'ivresse de sa joie tumultueuse, est aussi impitoyable que le plus fougueux des Despotes. Nous allons voir que Syracuse, une fois maitresse de la personne des Généraux d'Athènes, se vengea d'eux avec la même perfidie que l'auraient fait le Cambyse de la Perse, ou le Phalaris d'Agrigente.

On commença par convoquer une af-

____

(a) *Plutarch.* in Nic.; *Diod. Sicul.* lib. 13.

semblée générale, pour décider du sort des prisonniers de guerre C'était déjà un attentat contre la morale des nations, de mettre un pareil objet en problême; comme si l'ennemi, qui dépose ses armes, ne cessait pas d'être en guerre! comme si l'acte même, par lequel on se rend prisonnier, n'emportait pas l'assurance de la vie! Mais les haines nationales ne raisonnent jamais. Voici ce qui se passa dans les États de Syracuse.

Le premier Orateur, qui ouvrit la séance, fut Dioclès, le même personnage que nous verrons bientôt chargé, par sa patrie, de lui donner un code de loix, & qui écrivit ce code avec du sang, comme Dracon dans Athènes. Sa harangue fut courte, il ne discuta rien; mais il décida qu'il fallait vendre, à l'encan, les prisonniers nés en Sicile, renfermer, dans la plus rigoureuse des prisons, les Athéniens, & faire mourir, sur l'échafaud, Nicias & Démosthène.

Hermocrate parla ensuite; c'était un

citoyen recommandable par fa probité
& fes lumières. Il commença par déclarer que Syracufe s'illuftrerait moins, aux
yeux des fiècles, par fa victoire, que
par l'ufage modéré qu'elle aurait le courage d'en faire. Mais il ne put achever
fon exorde; les murmures d'indignation
qui s'élevèrent de toutes parts, lui annoncèrent que le peuple n'allait pas juger, mais prendre fes victimes.

Au milieu du tumulte, un vieillard
vénérable, qui avait perdu fes deux fils
dans cette guerre défaftreufe, s'avance
foutenu par des efclaves, à caufe de fon
grand âge. La multitude, perfuadée qu'il
allait la flatter dans fes fureurs, fait un
grand filence : alors Nicolaüs c'eft le
nom du vieillard) commence fa harangue.

» Citoyens, leur dit-il, vous voyez
» en moi un exemple déplorable des
» calamités de la guerre. J'ai été deux
» fois pere, & deux fois tout ce qui
» me faifait chérir l'exiftence, m'a été

» enlevé par les ennemis de la patrie;
» mes deux fils, vous le savez, ne sont
» plus : ils ont trouvé sur les champs de
» bataille une gloire fatale, du moins
» pour le père infortuné qui leur survit.
» Combien j'aurais sujet de haïr ces
» Athéniens, qui ont réduit un vieil-
» lard nonagénaire à paroître devant
» vous, soutenu par des esclaves, &
» non par des enfans chéris qui devaient
» un jour lui fermer les yeux! Mais il
» ne s'agit pas ici de ma cause; c'est celle
» du genre humain qui m'occupe; c'est
» l'idée de ne point laisser ternir la gloire
» de Syracuse aux yeux des siècles, qui
» prête à ma voix glacée, quelqu'éner-
» gie. Suspendez un moment votre cour-
» roux, & daignez m'entendre, avant de
» prononcer sur le sort de vos victimes «.

» Athènes a porté une guerre insensée
» dans nos foyers : mais elle en a été
» cruellement punie ; qui aurait dit qu'a-
» près avoir tiré dix mille talens du trésor
» de Délos, après avoir équipé une flotte

de

» de deux cents voiles, & levé une armée
» de quarante mille hommes cette Ré-
» publique, qui fe croyoit trop à l'étroit
» avec l'Empire du Péloponèfe, fe rui-
» nerait devant une ville de la Sicile, &
» que d'un fi formidable armement, il
» ne lui refterait pas même un courier
» pour lui apprendre la nouvelle de fes
» défaftres :

» Si le ciel a été jufte envers vos en-
» nemis, croyez-vous qu'il ne le fera
» pas auffi envers vous-mêmes! ô mes
» concitoyens, contemplez de fang froid
» la vengeance que vous méditez. Quelle
» gloire retirerez vous d'égorger des hom-
» mes fans défenfe, qui vous tendent les
» bras? L'ennemi qui fupplie, ne l'eft
» plus, & vous devez compte de fa vie,
» aux Dieux, qui, en brifant fon or-
» gueil, l'ont jetté tremblant à vos ge-
» noux.

» Si mon humanité vous eft fufpecte,
» ouvrez les annales de l'Hiftoire N'eft-
» ce pas la barbarie des defpotes de la

„ Médie, qui a fait tomber leur Empire
„ fous le pouvoir des Perfes : Cyrus, lui-
„ même, le vainqueur des Médes, aurait-
„ il fondé la première Monarchie de
„ l'Orient, s'il avait déshonoré fes tro-
„ phées, en envoyant Créfus fuppliant
„ au fupplice ? Mais fans chercher des
„ exemples fameux chez les peuples, que
„ notre vanité appelle des barbares, ne
„ fortez pas de l'enceinte de Syracufe,
„ & voyez comment Gélon, né fans
„ titre, parvint à gouverner une partie
„ de la Sicile, & à être l'oracle de l'autre.
„ C'eft fa douceur feule qui a fait fa
„ gloire & la nôtre. Le plaifir qu'il trou-
„ vait à adoucir l'infortune, par-tout où
„ pouvaient s'étendre fes bienfaits, fem-
„ blait appeller les hommes autour de
„ lui ? ô Syracufains, ne faites pas dire
„ à l'Europe, qui a les yeux fur vous,
„ que vous n'étiez pas dignes d'avoir un
„ Gélon pour vous gouverner.

„ Vous avez vaincu les Athéniens, les
„ armes à la main, il vous refte à ajouter

» à la supériorité de la valeur, celle de
» la clémence. Songez que ce peuple se
» glorifie d'avoir dressé le premier un
» autel à la miséricorde. Quel honneur
» pour vous, si, dans le péril le plus
» éminent, il retrouve le même autel
» dans vos remparts ; c'est alors que ses
» remords vous vengeront noblement de
» tout le mal qu'il vous a fait, & mal-
» heur à lui, s'il était inaccessible aux
» remords !

» La loi naturelle s'unit ici à la saine
» politique. Cette loi, dont le cœur le
» plus dépravé porte, malgré lui, l'em-
» preinte, veut que la haîne cesse au
» moment de la victoire. Le barbare qui
» la porte plus loin, ne punit pas son
» ennemi, il insulte à la nature humaine.
» C'est d'après ces principes, que les
» Grecs, dont nous faisons gloire de
» tirer notre origine, ne voulaient pas
» qu'on employât le marbre ou l'airain,
» pour ériger des trophées. Le premier
» arbre qu'ils rencontraient, semblait, à

» cet égard, leur suffire. Ils voulaient que
» le tems, en détruisant ces fragiles monu-
» numents d'orgueil, abolît peu-à-peu les
» haînes nationales, qui d'ordinaire, les
» éternisent.

» Après ces grands principes de mo-
» rale universelle, ce serait vous montrer
» peu d'estime, que de m'étendre sur les
» égards particuliers que vous devez aux
» Généraux qui sont dans vos chaînes.
» Qu'ont-ils fait de plus que d'obéir à leur
» patrie ? Nicias, en particulier, n'a-t il
» pas des droits à votre reconnaissance ?
» Il n'a pas tenu à lui qu'il n'y eût jamais
» de guerre entre Athènes & Syracuse ;
» il s'est rendu odieux à une partie de
» ses concitoyens, pour vous défendre ; &
» c'est vous qui oseriez l'en punir ! Non,
» un tel attentat ne peut entrer dans votre
» pensée : jamais la patrie de Gélon & la
» mienne (pardonnez, si j'ose me nom-
» mer après ce grand homme) jamais,
» dis-je, elle n'imitera le farouche Xer-
» xès, qui fit suspendre à un gibet le

» cadavre de Léonidas, parce qu'il était
» mort pour son peuple aux Thermo-
» pyles «.

Syracuse, sous Gélon, aurait donné la
vie aux captifs, avant même que Nicolaüs
eût prononcé sa harangue : mais Syracuse
mené par un homme de sang tel que
Dioclès, laissa prononcer la harangue du
Philosophe, & condamna à mort Nicias
& Démosthène. En vain, Gylippe, qui
voulait les sauver (*a*), demanda qu'on les
lui livrât pour les mener à Lacédémone,
alléguant qu'ils étaient ses prisonniers,
plutôt que ceux de Syracuse ; le peuple
accabla d'injures ce généreux Spartiate,
& pour le braver, fit accélérer le supplice
de ses victimes.

Ici, la tradition Grecque se partage.
Thucydide prétend que les exécuteurs

____

(*a*) Ici, Plutarque est en contradiction avec
Diodore ; mais l'opinion du premier, outre sa
vraisemblance, donne une plus haute idée de
la nature humaine.

allèrent égorger Nicias & Démosthène dans la prison. Timée, mieux inftruit, peut être, affure que fur la fin de cette affemblée orageufe, Hermocrate voyant qu'on allait prononcer leur fentence, les envoya prévenir par un de fes efclaves, & qu'alors ils fe percèrent eux-mêmes de leur épée. Dès qu'ils eurent rendu le dernier foupir, on jetta leur corps avec ignominie au-devant de la prifon, & Syracufe jouit de cet abominable fpectacle, jufqu'à ce que leurs reftes hideux & infects, puffent devenir la proie des vautours.

Le fort des autres captifs Athéniens n'excita pas moins l'indignation de tout ce qui, dans Syracufe, avait encore des entrailles. Ceux qui avaient été cachés par des foldats compâtiffants, ou qui, par la crainte de l'échaffaut, avaient déguifé leur naiffance, furent marqués fur le front d'un fer chaud, & vendus comme efclaves; les autres enfermés dans des cachots étroits, entaffés les uns fur les autres, confumés par la faim & par la foif, &

empoisonnés par l'odeur pestilentielle des cadavres qu'on négligeait d'enlever, périrent presque tous pendant le séjour de huit mois, qu'ils firent dans ces horribles repaires de la tyrannie démocratique. Le petit nombre d'infortunés qui survécurent à une telle oppression, dûrent, à ce qu'on prétend, leur salut, à la manière touchante dont ils déclamaient les vers d'Euripide.

Euripide, au reste, ne flatta jamais les tyrans de Syracuse ; ce grand homme fit ainsi l'épitaphe de Nicias, & des guerriers qui partagèrent ses triomphes & ses désastres : *Ici repose la cendre des guerriers d'Athènes, qui battirent les soldats de Syracuse, autant de fois que les Dieux furent neutres.* Il faut mettre cette inscription, pour sa sublimité, à côté de celle des héros des Thermopyles.

LÉGISLATION

DE

DIOCLÈS (a).

SYRACUSE eut, comme Athènes, un Dracon, pour lui donner des loix ; mais elle ne jouit pas, ainsi que sa rivale, de l'avantage d'avoir ensuite un Solon pour les rectifier. Le Dracon de Syracuse fut l'homme de sang, qui envoya au supplice Nicias & Démosthène. Il commença par insinuer à ses concitoyens le besoin qu'ils avaient de substituer un code écrit aux traditions versatiles qu'ils tenaient de leurs ancêtres. Alors ceux-ci le mirent à la tête d'une commission extraordinaire,

____

(a) *Diod. Sicul.* lib. 13.

composée des membres les plus éclairés du Sénat, pour rédiger un corps de loix, qui, fondé sur la morale de la nature, eût une durée égale à celle de la République qui l'adopterait. Dioclès donna son ame à ses coopérateurs; aussi le travail parut sous son nom, & il en eut toute la gloire.

L'antiquité ne nous a point conservé de détails sur cette législation de Dioclès. Mais à en juger par le caractère connu du législateur, elle devoit avoir l'atrocité de celle de notre moderne Japon. *On y apperçoit*, dit l'Historien que j'analyse, *une grande haíne pour les coupables.* Pourquoi de la haîne? la loi doit être sans passion; elle n'aime ni ne hait, mais elle punit où elle récompense; *aucune législation n'a inspiré plus d'effroi, par les peines terribles qu'il a établies contre l'injustice.* C'est un grand préjugé contre une nation, quand le législateur est obligé de lui inspirer de l'effroi. Des peines atroces annoncent toujours des mœurs atroces; en

général, fi les hommes que vous enchaî-
nez au pacte focial, font d'un caractère
doux & tranquille, fongez à prévenir les
crimes parmi eux, plutôt qu'à les punir :
s'ils ne le font pas, rendez-les tels par
des inftitutions, qui appellent la fenfibilité dans les cœurs, où elle n'eft plus ;
mais fous tous les points de vue, un code
fanguinaire annonce dans le légiflateur,
ou fon impéritie, ou le mépris profond
qu'il affecte pour l'efpèce humaine.

Dioclès mérita un peu plus de fa patrie,
quand il créa une efpèce d'échelle pour
les actes de vertu, & qu'il leur affigna
une récompenfe graduée. Obfervons ici
que cet encouragement donné à la grandeur d'ame, eft le fceau qui diftingue
prefque toutes les anciennes légiflations :
chez nous, la vertu femble n'avoir aucun
droit aux regards du Gouvernement ; la
loi impitoyable ne fuppofe que des coupables autour d'elle ; & fa bouche ne
s'ouvre que pour infliger l'opprobre, ou
pour prononcer des oracles de mort.

Il est vraisemblable, que la partie des institutions de Dioclès, qui traitait des récompenses dûes à la vertu, valut seule à son auteur la renommée dont il jouit parmi ses contemporains. Il est certain qu'on l'appellait dans la Sicile, le législateur par excellence, tandis que Céphalus & Polydore, qui rédigèrent aussi des codes dans cette contrée, l'un sous Timoléon, & l'autre sous le second Hyéron, ne furent nommés que les interprètes du législateur. Les loix de Dioclès se maintinrent à Syracuse & dans les villes qu'elle protégeait, jusqu'à ce que la Sicile fut engloutie dans le monde Romain.

La mort singulière de ce héros de Syracuse, ne contribua pas peu au grand succès de sa législation. Une de ses loix portait, que le citoyen qui viendrait armé dans l'assemblée de sa nation, quand même il ignorerait que ce fût un délit, serait puni de mort. Un jour il se répandit dans la ville un bruit, que l'ennemi paraissait aux pieds des remparts; Dioclès fort à l'inftant de fa maifon, l'épée à la main, & s'affure, par lui-même, que c'eft une fauffe allarme. A fon retour, le hafard le conduit dans la place publique, où le peuple était affemblé, & il y entre fans fonger qu'il tenait une épée. Un Sicilien s'en apperçoit, & l'arrête. *Dioclès*, lui dit-il, *tu renverfes ta propre loi.* — Non, répond le légiflateur terrible, *je l'affermis plus que jamais*, & à l'inftant il fe perce de fon épée. L'antiquité fait honneur de la même anecdote à la mémoire de Charondas, le légiflateur de Thurium (*a*).

Syracufe décerna à Dioclès les honneurs de l'apothéofe, mais le temple qu'on lui érigea, dura moins que fes loix. Denys, l'ancien, le détruifit, pour lui fubftituer une citadelle.

(*a*) *Diod. Sicul.* lib. 12.

NOUVELLE INVASION

DES

CARTHAGINOIS EN SICILE *(a)*.

Nous avons vu Gélon, vainqueur du féroce Amilcar, exiger de la République qu'il venait d'humilier, qu'elle cessât d'arroser du sang humain les autels de son Saturne ; Carthage n'obéit que pendant un petit nombre d'années, & observant ensuite le silence de Syracuse sur l'infraction solemnelle du traité de Gélon, elle prit sa prudence pour de la faiblesse, & suivant l'usage des Gouvernemens sans principes, elle résolut d'en profiter. Ce fut le petit-fils d'Amilcar, qu'on chargea

(a) Thucyd. lib. 7 ; *Diod. Sicul.* lib. 13.

de la descente en Sicile ; il s'appellait Annibal, nom que dans la suite le vainqueur de Trasimène & de Cannes, rendit si célèbre ; ce Général avait plus d'orgueil que d'amour de la gloire, & moins de courage que de férocité. Devenu maître de Sélinonte, il exerça une froide barbarie sur un sexe timide & sur des vieillards éplorés, qui ne peuvent jamais être en guerre avec personne. Il traita avec encore plus de férocité Himère, qu'il avait prise d'assaut ; après avoir rasé la ville de fond en comble, il fit conduire trois mille prisonniers dans la plaine où avait péri Amilcar, & après avoir épuisé sur eux les tourmens & les ignominies, il ordonna de les massacrer. Cette expédition, non de guerriers, mais de brigands, rendit le nom Carthaginois à jamais odieux dans la Sicile.

Une pareille invasion put satisfaire la vengeance d'Annibal, mais non la politique de Carthage ; aussi trois ans après ; on renvoya ce Général avec Imilcon, en Sicile, avec ordre de la réduire toute entière sous le joug. Les Carthaginois parurent devant les murs d'Agrigente, au nombre de six-vingt mille hommes, selon Timée, & suivant Ephore, de trois cents mille. Comme ils n'avaient point de matériaux pour élever des terrasses, au niveau des remparts qu'ils voulaient battre avec leurs machines, ils démolirent une quantité prodigieuse de tombeaux, & en firent servir les décombres à leurs batteries. Les exhalaisons fœtides qui s'élevèrent de ces monumens, ne tardèrent pas à corrompre l'air qu'on respirait. La peste survint; & l'armée Carthaginoise dépérit, sans combattre, sous les murs d'Agrigente.

Annibal avait la religion des tyrans ; on lui dit que les Dieux vengeaient les morts, de ce qu'on avait violé l'asyle où reposait leur cendre, & ce fut en augmentant le nombre de ces morts, qu'il crut les appaiſer ; on jetta donc, par ſon ordre, dans la mer, des victimes humaines, & on immola en grande pompe un enfant à Saturne ; le fanatiſme ſacerdotal fut ſatisfait, mais la peſte n'en exerça pas moins ſes ravages.

Cependant Agrigente, vengée des Carthaginois, n'en était pas plus heureuſe ; preſſée à la fois par l'ennemi & par la famine, n'ayant qu'un mur qui la ſéparait, du champ que la peſte jonchait de cadavres, elle céda à ſa triſte deſtinée. Ses habitants, à demi-morts, ſortirent, pendant la nuit, abandonnant leurs temples & leurs richeſſes à la cupidité du vainqueur. Les mères éplorées, traînaient après elles leurs enfans, que le glaive Carthaginois n'était pas fait pour reſpecter. La fatigue, la faim, le chagrin, plus terrible encore, fit périr un grand nombre de ces fugitifs pendant la route. Le reſte arriva à Gela, & y trouva des hommes.

Annibal & Imilcon, inſtruits de cette

fuite , par le silence obfervé fur les remparts d'Agrigente , entrèrent l'épée à la main dans la ville. Le premier fpectacle qui s'offrit à leurs yeux, fut celui des vieillards & des malades , à qui leur état ne permettait ni de fuir , ni de fe défendre ; les Conquérants im-pitoyables les firent paffer tous au fil de l'épée , enfuite Agrigente fut aban-donnée au pillage. Le butin fut im-menfe , car cette ville , qui ne le cédait en opulence qu'à Syracufe , avait deux cents mille habitans , & jufqu'à cette époque , n'avait jamais été affiégée ; on y trouva des tableaux & des ftatues , d'après ce beau de la nature , qu'on ne rencontre guères que dans les produc-tions des Artiftes Grecs. C'eft - là auffi qu'on enleva le fameux taureau de Pha-laris, qui fut envoyé à Carthage.

Les vainqueurs , après avoir paffé l'hiver à Agrigente , la démolirent , & allèrent faire le fiége de Gela , qu'ils prirent à la vue d'une armée chargée

de la défendre. La Sicile entière était
fur le point de pafler fous le joug,
lorfque Denys, tyran de Syracufe, oppofa une digue au torrent, & fit figner aux Généraux de Carthage, un
traité qui les renvoyait en Afrique, en
leur affurant la poffeffion paifible de leurs
conquêtes.

COMMENCEMENS

D E

DENYS L'ANCIEN,

T Y R A N D E S I C I L E (a).

LA démocratie de Syracuse, malgré la haîne que le nom de Thrasybule avait fait naître contre les tyrans, malgré la légiflation terrible de Dioclès, malgré les entraves que l'inftitution du pétalifme mettait à l'ambition de fes grands hommes, était mal affermie fur fa bafe. Le Gouvernement en fit une expérience fatale, au tems des troubles qu'excita,

---

(a) *Diod. Sicul.* lib. 13 & 14; *Plutarch.* in Dion.

dans la Sicile, la vengeance d'Hermocrate. Ce Syracufain, dont Denys, l'ancien, avait époufé la fille, avait rendu de
grands fervices à fa patrie, dans fes guerres contre Athènes, & au lieu des ftatues
qu'il attendait, il avait fubi l'opprobre
d'un banniffement. Outré de tant d'ingratitude, le héros dangereux leva une armée
de fix mille hommes, fe préfenta fubi-
tement devant Syracufe, & furprit une
de fes portes. A l'inftant, la ville entière
prit les armes, on enveloppa les conjurés,
qui, cédant au nombre, furent prefque
tous paffés au fil de l'épée. Hermocrate,
lui-même, périt fur le champ de bataille.

Syracufe, qui favait encore mieux
profcrire que combattre, profita de fa
victoire, pour condamner à un exil per-
pétuel les parens d'Hermocrate, fes amis,
& tous ceux qu'on pouvait foupçonner
d'avoir défiré fon rappel. Denys, comme
on s'en doute bien, fut enveloppé dans la
profcription. Il s'était trouvé au combat que
livra fon beau-père fous les remparts de

Syracufe, & il y avait été dangereufe-
ment bleffé. Le bruit de fa mort, femé
à deffein par fa famille, le garantit en
cette occafion du dernier fupplice.

Denys, dont le nom eft fi célèbre dans
les faftes des tyrans, naquit à Syracufe :
les uns difent que fa naiffance était illuftre ; d'autres en font le premier de fa
maifon ; il fallait, au refte, qu'il fût diftin-
gué, ou par fon nom, ou par fon génie,
pour s'allier, ainfi qu'il fit, à la famille
d'Hermocrate ; fa profcription retarda quelque tems fes projets deftructeurs ; mais
comme il poffédait à fond tout le machiavélifme de l'ambition vulgaire, fes menées
fourdes & adroites, le firent bientôt rappeller dans fa patrie. L'époque de fa
grandeur primitive, fut celle du défaftre
d'Agrigente.

La chûte de cette ville, une des métropoles de la Sicile, avait répandu la
terreur dans le monde Grec : on en attri-
buait affez généralement la caufe, à l'inexpérience des Magiftrats de Syracufe, qui

ne mirent aucune activité dans les secours qu'ils donnèrent à cette ville malheureuse. Denys, qui crut l'inftant favorable pour jouer un rôle, parut tout-à-coup dans une affemblée nationale ; là, fe livrant à cette éloquence impétueufe, que la multitude prend pour du génie, il accufa de trahifon les citoyens qui étaient en place, & fut d'avis qu'on les déposât fur-le-champ. Les chefs de la République n'attendirent pas que cette harangue incendiaire fut entièrement prononcée, & ufant du droit que leur donnait la loi, ils condamnèrent l'orateur, comme perturbateur du repos public, à une amende. Cette fentence renverfait tous les projets de Denys ; car il était privé du rang des citoyens jufqu'à ce que l'amende fût payée. Philifte, le même à qui l'Antiquité attribue une hiftoire de la Sicile, ne voyant, dans le zèle du jeune factieux, que l'enthoufiafme du patriotifme, paya, à l'inftant, la fomme à laquelle il était condamné; alors Denys acheva fa Philippique, & le fuccès en fut terrible ; car tous les Magiftrats furent dépofés, & le fougueux Orateur fut mis à la tête de ceux qu'on nomma pour les remplacer.

Denys, Magiftrat dans Syracufe, n'avait fait encore qu'un pas dans la route tortueufe de la tyrannie. Il lui fallait des guerriers à fes ordres qui, au befoin, devinffent les fatellites de fes violences, & dans ces vues, il fongea à fupplanter les Généraux de la République, dans le commandement des armées. Le moyen qu'il employa était digne de fa fcélérateffe ; il les fit foupçonner d'intelligence fecrette avec les ennemis, & pour que fa manœuvre, ourdie d'ailleurs avec tout l'art poffible, eût le fuccès qu'il en attendait, il fit fervir tout le tems qui devait s'écouler, entre le foupçon & l'examen, à fe faire de nouvelles créatures.

La machine la plus heureufe en ce genre, que fa politique fit jouer, fut le rappel des exilés. Les Carthaginois, à

cette époque, ravageaient la Sicile, &
Syracuse murmurait des dépenses où l'en-
traînaient les levées qu'on faisait sans
cesse ; Denys représenta, avec son éloquence insidieuse, combien il était ab-
surde de faire venir, à grand frais, des
mercenaires de l'Italie ou du Péloponèse,
tandis qu'il y avait des Syracusains épars
dans la Sicile, qui, toujours citoyens
dans le cœur, brûlaient de réparer, par
des services, le tort que leur légéreté
avait pu faire à la patrie. Ce discours,
dont la multitude ne pouvait sentir le
but coupable, fut applaudi avec trans-
port, & les bannis revinrent, en triomphe, s'enrôler sous les drapeaux de Denys,
plutôt que sous ceux de la République.

Quand le tyran se vit à la tête d'une
faction puissante, sûr désormais, sinon
de plaire à sa nation, du moins d'être
obéi, il accusa ouvertement les Généraux
de haute trahison : il supposa que le Carthaginois Imilcon, sous prétexte de traiter
avec lui du rachat des prisonniers, avait

tenté de corrompre fa fidélité, & que fes émiffaires, dans l'efpérance de le gagner, lui avaient révélé tout le complot : fur ce fimple expofé, le peuple, qui avait toute la crédulité des victimes, conjurant lui - même pour fa perte, deftitua les Généraux, & nomma Denys, avec un pouvoir abfolu, pour les remplacer.

Denys, maître de l'armée & de la ville, réuniffant, fur fa tête, la puiffance militaire & la puiffance légiflative, n'était pas encore affez defpote à fon gré. Comme le poignard pouvait, dans le filence des loix, abattre d'un feul coup le tyran & la tyrannie, afin de prévenir un pareil danger, il eut recours à l'artifice de Pififtrate : il feignit qu'on avait tenté de l'affaffiner, fe réfugia, avec une terreur étudiée, dans la citadelle de Leontium, & n'en fortit que quand on lui eut accordé le privilége d'avoir des gardes. Il en choifit à l'inftant mille, qu'il arma de pied en cap, qu'il vêtit avec magnificence,

& dont il doubla la paie ordinaire. Syracuse ne tarda pas à s'appercevoir qu'elle
avait donné, à Denys, des gardes contre
elle-même, & non contre des affassins;
mais la lumière vint trop tard, & quand
on voulut revenir sur ses pas, la République était subjuguée.

TYRANNIE

DE

DENYS (a).

LE premier orage, contre Denys, vint de la part des troupes dont il s'était fait nommer Généralissime. On l'accusa de n'avoir pas mis assez d'activité dans la défense de Gela, & d'avoir laissé saccager, par les Carthaginois, des places qui pouvaient soutenir un long siége. Les mercenaires, qu'il avait fait venir d'Italie, l'abandonnèrent alors à sa destinée, & repassèrent la mer. La noblesse de Syracuse, plus furieuse encore, tenta de l'assassiner ; mais n'ayant pu percer le

---

(a) *Diod. Sicul.* lib. 13 & 14.

corps épais de satellites, qui veillaient autour de sa personne, elle s'en vengea en pillant le palais du tyran, & en faisant subir, à sa femme, des traitemens si odieux, qu'elle en mourut. Denys, instruit de tous ces mouvemens, met, à conserver le trône qu'il avait usurpé, toute l'audace du génie ; il fait faire, à quatre cents hommes de pied & à cent chevaux, une marche de près de vingt lieues en moins de trente heures, arrive, vers le minuit, à une porte de Syracuse, & la trouvant fermée, y met le feu. Les patriotes accourent au tumulte, défendent la liberté expirante, & sont tous égorgés. Denys, marchant sur leurs cadavres amoncelés, va s'emparer de tous les quartiers de la ville où les républicains peuvent trouver un asyle, ensuite ses soldats se répandent dans les maisons suspectes, égorgent leurs maîtres, & s'abandonnent au pillage. Syracuse, dans cette nuit désastreuse, présentait l'image d'une ville prise d'assaut. A la pointe du jour, tout s'éclaircit , & le peuple , éclairé fur fes malheurs , regretta un moment de n'avoir pas paffé fous le joug de Carthage.

Le tyran dormit le jour qui fuivit cette nuit horrible , & il ne fe réveilla que pour dreffer des tables de profcription contre tous les citoyens qui pouvaient encore lui faire ombrage. Le fang le plus précieux coula donc fur les échaffauts , après avoir couvert le champ de bataille.

Denys ne fe croyait plus entouré que d'efclaves; mais un peuple de républicains ne fe façonne pas fi aifément au joug du defpotifme. A peine le tyran eut-il quitté Syracufe , qu'elle fe révolta. Denys y rentra , non avec fes gardes , comme difent les Hiftoriens , mais avec fes complices , & on l'enferma à l'inftant dans le quartier d'Epipole , fans lui laiffer aucune communication avec la campagne. Pendant l'intervalle du blocus , tout ce que la Sicile avait de partifans de la liberté accourut au fecours de cette ville malheureuse; alors le plan des opérations changea. On mit à prix la tête du tyran; on promit, aux étrangers qui abandonneraient ses drapeaux, le droit de bourgeoisie, & on fit avancer les machines de guerre, pour battre les remparts de sa forteresse.

Denys, réduit à l'extrémité, assemble son conseil de guerre, afin de délibérer plutôt sur le genre de mort qu'il doit choisir pour terminer sa carrière, que sur les moyens de conserver sa tyrannie; on s'applique à relever son courage abattu; alors il députe secrettement, vers les Carthaginois, qui étaient en garnison dans les places au pouvoir de Carthage, pour les engager à le tirer du danger où il se trouvait; & afin de gagner du tems, il fait proposer, le même jour, aux assiégeans, de lui permettre de sortir de la Sicile. Syracuse, qui voulait épargner le sang, accepte le traité, & convient d'accorder, à Denys, cinq vaisseaux pour transporter, hors de l'isle, ses

amis, fa famille & fes biens. Les pré-
liminaires une fois fignés, les afliégeans
s'endorment fur la bonne foi du tyran,
& dépofent leurs armes : leur crédulité
leur coûta cher. Douze cents Campaniens
arrivent tout-à-coup pendant qu'on équi-
pait les navires de tranfport, battent les
corps-de-garde des républicains, & pé-
nètrent jufqu'aux afliégés. Denys, de fon
côté, fait une fortie, fe répand dans une
ville fans défenfe, & s'y établit, plus puif-
fant que jamais.

Syracufe confternée, s'attendait que
fon defpote, en vertu du droit terrible
du glaive l'inonderait du fang de fes
citoyens. Heureufement fa politique fe
trouva en défaut. Denys, inftruit, par
les dangers qu'il avait courus, vit que
l'efclave d'un jour ne s'apprivoifait pas
au joug, comme celui qui était né dans
l'efclavage, & pour qu'on ne lui arrachât
pas le poignard de la tyrannie, il le fit
rentrer à demi dans le fourreau. Une
amniftie générale fut publiée ; on ne

rechercha aucun des chefs de la révolution, & la paix parut renaître dans les remparts de Syracuse.

Cette paix, au reste, loin d'annoncer la sérénité d'un corps politique dans sa vigueur, ne désignait que l'épuisement d'un Etat qui n'a pas même la force de se débattre contre le joug qui l'écrase. Denys, entoura d'un nouveau mur, sa citadelle, tripla sa garde, & désarma les Syracusains, sans qu'il s'élevât le plus léger murmure; de ce moment, le tyran espéra de mourir sur son trône.

Cependant Denys, malgré les ames vénales qui semblaient le protéger, était toujours seul contre tous. Pour se faire des appuis dans sa vieillesse, il résolut de contracter à-la-fois deux mariages; ce qui était contre les mœurs Grecques; mais les mœurs ne font rien pour qui se met au-dessus des loix. Denys demanda donc en même-tems une femme aux citoyens de Rhège, & une autre à ceux de Locres. La réponse des premiers fut

digne des Spartiates : ils déclarèrent qu'*ils
n'avaient à donner, à l'assassin des Grecs,
que la fille du bourreau.* Locres montra
moins de délicatesse ; elle accorda, à
Denys, la fille de Doridas, un de ses
premiers Magistrats. La galère, qui vint
de Syracuse chercher cette Locrienne,
était à cinq rangs de rames, & équipée
avec tout le faste Oriental. La seconde
femme du tyran fut Aristomaque, sœur
du célèbre Dion, & fille d'Hipparinus,
le citoyen le plus distingué de Syracuse.

Denys parut d'abord aimer également
ses deux épouses ; mais la politique (c'est
la sensibilité des tyrans) le fit pencher
ensuite en faveur d'Aristomaque ; aussi
la Locrienne étant devenue grosse la première, le monstre furieux fit mourir sa
belle-mère, sous prétexte qu'elle avait
empêché, par ses sortiléges, la Syracusaine de concevoir.

Détournons un moment nos regards
de tous ces tableaux déchirans, & confi-
dérons le génie de Denys se déployant,

d'une manière plus noble, contre les
ennemis de la Sicile.

GUERRE DE DENYS

A V E C

CARTHAGE,

ET LES COLONIES GRECQUES

DE L'ITALIE (a).

Nous avons vu , dans la dernière invasion de Carthage en Sicile , Denys faire figner , aux Généraux de cette République , un traité qui les renvoyait en Afrique , en leur affurant la poffeffion paifible de leurs conquêtes ; mais ce Prince n'avait endormi le lion , qu'afin de prendre des mesures pour l'enchaîner. A peine les Carthaginois avaient - ils

(a) *Diod. Sicul.* lib. 14 & 19.

quitté la Sicile, qu'il arma de tout côté
pour les chasser. Quand le complot fut
parvenu à sa maturité, il éclata avec une
perfidie digne des Carthaginois & du
tyran qui voulait les punir. Il y avait,
dans Syracuse, un grand nombre de
concitoyens d'Annibal, qui, sur la foi
des traités, y exerçaient le commerce;
on les arracha de leurs maisons, & après
avoir accumulé sur eux tous les outrages
& toutes les ignominies, on les envoya
au supplice. Cet attentat, contre le droit
des gens, fut le signal des massacres
dans la plus grande partie de la Sicile,
& bientôt tous les Carthaginois dispa-
rurent de sa surface, excepté ceux qui
étaient en garnison dans les citadelles.

Denys, pour ne pas laisser à l'ennemi
le tems de respirer, alla mettre le siége
devant Motya, qui, depuis la ruine
de Gela & d'Agrigente, était devenue
la place d'armes des Carthaginois. Ce
siége est mémorable à cause des machines de guerres, dont Denys fit usage,

pour réduire la ville ; il approcha des remparts un grand nombre de tours à six étages, portées fur des roues, & remplies de foldats ; au fommet, on avait placé des catapultes qui lançaient des quartiers de pierre avec force , & empêchaient les Carthaginois de fe montrer fur les murailles. La place ne put tenir contre un plan d'attaque fi formidable ; elle fut prife d'affaut , & tous les habitans paffés au fil de l'épée , excepté ceux qui cherchèrent un afyle dans les temples. Denys s'autorifait du droit de repréfailles , qui cependant n'eft un droit que pour les tyrans. Quand les vainqueurs furent las de maffacrer & de détruire, ils revinrent à Syracufe.

Cependant, Carthage ne laiffa pas les violences de Denys impunies ; elle nomma Imilcon , Suffète , & l'envoya en Sicile déployer l'étendart de la vengeance. Ce Général , à la tête d'une armée puiffante , aborda à Palerme, reprit Motya , & vint faire le fiége de Syracufe.

Comme Denys n'avait point de flotte qui pût défendre la ville du côté de la mer, Imilcon fit entrer ses vaisseaux, en triomphe, dans le grand port ; en même-tems on vit défiler, autour des remparts, son armée de terre, qui montait, dit - on, à trois cents mille hommes, & la tente du Général fut dressée dans le temple même de Jupiter. Les Carthaginois, que leurs anciens désastres n'avaient pu corriger de leur manière féroce de faire la guerre, dévastèrent tellement la campagne, qu'ils la changèrent en un vaste désert ; ils embrasèrent ensuite les temples de Cérès & de Proserpine, & finirent par abattre tous les tombeaux des Princes de Syracuse. L'ami des arts regretta sur-tout le mausolée de Gélon, dont le goût égalait la magnificence.

La Nature, au défaut de vengeur humain, vint punir les tyrans de la Sicile ; une peste horrible, produite, ou du moins envenimée par les miasmes pu-

trides qu'exhalaient tant de tombes entr'ouvertes , exerça fes ravages dans le
camp d'Imilcon. Les fymptômes de cette
pefte étaient des déchiremens d'entrailles , des fièvres aiguës & des accès de
frénéfie. On mourait par bataillons. Le
nombre des peftiférés s'accrut bientôt
à un tel point , qu'on ne put fuffire
à enfévelir les cadavres , ce qui donna
encore une nouvelle activité à la con-
tagion. Il femble que dans une fitua-
tion fi déplorable , les hommes ne de-
vraient point trouver d'ennemis ; les
Carthaginois en trouvèrent ; Denys entra , l'épée à la main , dans cette plaine
jonchée de morts & le tombeau de la
nature , & paffa au fil de l'épée tout ce
qui avait échappé à la pefte ; de-là , il
pénétra dans le port, & embrafa la plus
grande partie de la flotte ennemie. La
nuit feule mit fin au carnage & à l'incendie. Imilcon , à la pointe du jour ,
envoya demander, à Denys, la permiffion
de lever le fiége , & d'emmener , à Car-

thage , les faibles débris de ſes trois cents mille hommes. Le Syracuſain y conſentit , pour les ſeuls Carthaginois , encore il ſe fit payer trois cents talents pour leur rançon. Imilcon partit , ſuivant la capitulation que lui avaient fait ſigner les aſſiégés , & tous ſes ſoldats mercenaires , furent abandonnés à la diſcrétion des Siciliens , qui les maſſacrèrent.

Denys , vainqueur des Carthaginois , ſongea à ſe venger des colonies Grecques de l'Italie , qui avaient refuſé de le ſervir dans ſa tyrannie , & ſur-tout de la ville de Rhège , qui avait voulu le donner , pour gendre , à ſon bourreau ; ſa renommée , à cet égard , le ſervit auſſi bien que ſa valeur. Les confédérés , frappés de terreur , ſe défendirent mal , & ils perdirent une grande bataille , où dix mille d'entr'eux furent faits priſonniers. Denys , dans cette occaſion , oubliant ſes principes deſtructeurs , uſa , en grand homme , de ſa victoire ; car , contre l'attente de

toute l'Italie, il renvoya tous les prifonniers libres & fans rançon. C'eft,
fans doute, à l'occafion de cette victoire
mémorable, que Brennus, qui venait de
brûler Rome, lui envoya des Ambaffadeurs, pour le féliciter, & rechercher
fon alliance (*a*).

Denys, dont la générofité femblait
épuifée, par ce qu'il avait fait en faveur
des colonies Grecques de l'Italie, reprit
fa férocité naturelle dans la guerre de
Rhège ; maître de cette ville, après un
fiége d'onze mois, il envoya, à Syracufe,
fix mille hommes, qui avaient échappé
au fer de fes foldats ou à la famine ; il
fit payer, aux riches, une forte rançon,
& fit vendre le refte en qualité d'efclaves.

Sa vengeance ne fe borna pas à ces
rigueurs militaires, fuite d'un effroyable
droit des gens. Il avait, entre fes mains,

____

(*a*) *Juftin*, lib. 20, cap. 5.

le vaillant Phyton , Commandant de Rhège , lors du siége. Il commença par faire précipiter le fils de ce guerrier dans la mer ; ensuite , il ordonna qu'on l'attachât lui-même , au haut d'une machine de guerre , pour le donner , en spectacle , à de vils mercenaires , qui se repaissaient de son ignominie. C'est dans ce moment terrible que Phyton apprend le supplice de son fils : *Hélas* , répond le héros, *il a été plus heureux que moi d'un jour !* On ne détacha la victime de Denys , que pour la battre de verges dans toutes les places publiques de la ville. Le courage de Phyton lassa jusqu'à la constance des bourreaux. Le peuple , témoin de ses tourmens , après y avoir applaudi , finit par donner des larmes à ses malheurs. Denys le sçut , & , craignant que son prisonnier ne lui fût enlevé , avant qu'il eût assouvi sur lui toute sa vengeance , il le fit , à l'instant , jetter dans la mer.

VIE PRIVÉE

DE

DENYS.

SA MORT (a).

LES tyrans, quand ils font heureux, ont quelquefois de bons intervalles. Auguste pardonna, dit-on, à Cinna; Néron, prêt à figner un arrêt de mort, defirait ne pas favoir écrire; Denys, auffi, ne fut pas toujours le fléau de la Sicile; du moins il lui échappa, dans fa vie privée, des traits de modération qui contraftaient

____

(a) *Diod. Sicul.* lib. 14 & 15; *Plutarch.* in Dion & in Moral.; *Cicer.* de natur. deor. & Tufcul. quæft.

aſſez avec ſa vie publique, pour qu'on fût tenté quelquefois de lui en pardonner les horreurs.

A l'exception de ſa belle-mère, que Denys eut la lâche férocité de faire mourir, comme coupable de ſortiléges, on ne voit pas que ce Prince ait jamais été le tyran de ſa famille. Toutes ſes femmes lui furent chères. Les épouſes mêmes de ceux qui conſpiraient contre lui, étaient rarement enveloppées dans leur proſcription. On en vit un exemple mémorable, dans une des révoltes de Syracuſe. Polyxène, un des beaux-frères du Tyran, était entré dans le complot deſtiné à le détrôner, & lorſqu'il avait vu le peu de ſuccès de l'entrepriſe, il s'était dérobé, par une prompte fuite, à la mort, qui l'attendait. Denys fit venir ſa ſœur, & ſe plaignit de ce qu'elle lui avait caché l'évaſion de ſon époux. » Tu m'eſtimes donc bien peu, lui dit » cette héroïne, ſi tu as penſé que je » pouvais ſavoir la fuite de mon mari,

» fans la partager : apprends que je pré-
» fère d'être appellée , dans mon exil ,
» l'époufe de Polyxène , à être nommée ,
» dans ma patrie , la fœur d'un tyran «.
— Denys , comme s'il fe connaiffait en
grandeur d'ame , applaudit à cette réponfe audacieufe ; enfuite , comme s'il
n'avait pas applaudi à ce mot républicain , il continua à être le tyran de Syracufe.

Dion lui-même , que nous verrons
bientôt le libérateur de fa patrie , dut ,
à fon titre de beau-frère de Denys , la
liberté dont il jouit de dire impunément
la vérité , au milieu de la Cour de Syracufe. Un jour le Defpote raillait Gélon
fur les limites que ce grand homme avait
fixées à fon pouvoir ; Dion l'en reprit ,
par ce mot devenu mémorable : *Oui ,
tu règnes , Denys , & l'on fe fie à toi à caufe
de Gélon ; mais à caufe de toi , on ne fe
fiera déformais à perfonne.*

Denys , ainfi qu'Augufte , & tous les
tyrans qui ont eu du génie , eut la poli-

tique de protéger les arts, & d'acheter ainsi des hommes qui difpenfent la réputation, une célébrité qu'il ne pouvait attendre de fes talens ou de fes vertus ; mais, comme le foin de fa vanité le touchait plus que le progrès des lumières, il fe garda bien de faire accueil au Philofophe qui dit la vérité aux Rois, à l'Hiftorien qui raffemble les faits, pour faire juger fon fiècle par ceux qui le fuivent : ce furent les Poëtes, dont le talent fe prête fi naturellement à l'adulation, qui feuls eurent part à fes faveurs : il les admettait à fa table, il feignait de les confulter fur les affaires du Gouvernement, & c'eft fur la fineffe de l'enfens dont ils l'enivraient, qu'il mefurait fon eftime pour leurs ouvrages.

Lui-même ne dédaignait pas d'entrer en lice avec eux, & cet homme, jaloux de toute efpèce de réputation, excepté de celle des bons Rois, fe piquait, dans le loifir de la paix, de faire un bon vers, comme dans l'invafion des Cartha-

ginois, de gagner une victoire. Quand
le suffrage des Poëtes, qu'il avait à ses
gages, lui eut persuadé qu'il était un
homme de génie, peu content d'en avoir
le renom obscurément dans sa Cour, il
voulut se donner en spectacle à toute
la Grèce, & il envoya Théaride, son
frère, aux jeux Olympiques, pour y
disputer à-la-fois, en son nom, le prix
de la poésie, & celui de la course des
chars. Cette imprudence remplit sa vie
d'amertumes. L'Orateur Lysias ouvrit la
séance par une harangue impétueuse, où
il tenta de faire rougir les Grecs d'avoir
admis, à la célébration de leurs jeux,
un Tyran qui ne régnait que pour le
malheur des hommes. On applaudit à
Lysias; mais on n'osa pas éloigner Denys
du concours. Cette faiblesse, de la part
des Grecs, ne servit qu'à mortifier encore plus la vanité du Despote de Syracuse. Ses vers, sans idées, qui ne se
soutenaient que par la pompe des mots,
furent sifflés. Ses chars magnifiques se

brisèrent avant d'avoir doublé la borne.
Pour comble de malheurs, la galère, qui
ramenait les témoins de son humiliation,
accueillie, dans le trajet, d'une horrible
tempête, arriva, à demi fracassée, sur
les côtes de la Sicile; & les Pilotes, qui
n'aimaient pas Denys, répandirent par-
tout qu'il fallait attribuer tous les dangers qu'ils avaient courus, à l'influence
fatale des mauvais vers composés par le
Tyran de Syracuse. Denys, toujours adulé
par des Parasites, se consola de sa disgrace, comme se consolent tous les jours
les Poëtes qu'on dédaigne, en disant que
le goût était dégénéré.

Cependant, dans la foule des Poëtes
qu'il accueillit, il ne rencontra pas toujours des ames vénales. L'Antiquité nous
a conservé un trait de Philoxène, qui
prouve que ce Poëte Dithyrambique
avait quelque chose de la noble fierté
du Philosophe. Denys lui ayant lu, un
jour, un poëme qu'il avait travaillé avec
soin, celui-ci, pressé de dire son avis,

(ce qui, dans la langue des protecteurs, signifie applaudir) loin de répondre à son attente, en fit une critique à-la-fois forte & lumineuse. C'était la première fois que Denys entendait la vérité sur ses ouvrages ; la vérité est peu faite pour l'oreille des Despotes. Celui-ci, blessé de l'audace de Philoxène, appella ses Gardes, & le fit traîner, comme un criminel d'État, dans la prison terrible des Carrières.

Heureusement Philoxène n'avait jamais offensé que la vanité de Denys ; il était aimé à la Cour ; & tout le monde s'étant réuni pour demander sa grace, il fut élargi dès le lendemain, & rentra même dans les bonnes graces du Poète couronné de Syracuse.

Au premier festin que donna Denys, après cette réconciliation, il y eut une lecture d'un de ses prétendus chefs-d'œuvres. Les convives ne mirent aucune borne à leur enthousiasme ; Philoxène seul gardait le silence. Le Roi, persuadé que la prison avait épuré son goût, ose l'interroger ; mais celui-ci se tournant, avec une noble fierté, du côté des Gardes : *Vous pouvez*, leur dit-il, *me ramener aux Carrières.* Denys, cette fois, ne sentit que la finesse de l'épigramme ; il rit, & ce qu'elle avait d'offensant fut pardonné.

Antiphon, qui n'était pas Poète comme Philoxène, paya de sa tête une plaisanterie bien plus républicaine. Denys lui demanda quelle était l'espèce d'airain qui avait la plus haute valeur : *le meilleur airain*, répondit le Sicilien, *est celui dont Athènes a fait les statues d'Harmodius & d'Aristogiton.* Le Despote crut que l'homme qui osait louer devant lui les ennemis de la tyrannie, pouvait un jour les imiter, & il l'envoya au supplice.

Les tyrans d'ordinaire n'ont point de religion, ou, quand ils s'en font une, elle est, comme leur ame, petite & cruelle. Denys, tant qu'il eut besoin des Prêtres, qui menaient la multitude, s'entoura des terreurs de la superstition : c'est alors qu'il fit punir la mère d'une de ses femmes, comme coupable de sortilége. Dans la suite, quand il vit ses crimes impunis, il cessa de croire à des Dieux malfaisans, qui semblaient le protéger, & il se mit à piller leurs temples avec une audace dont l'athéisme réfléchi peut seul donner des exemples. Il fit enlever un manteau d'or massif qui décorait une statue de Jupiter, sous prétexte qu'un pareil vêtement était trop pesant pour l'été, & trop froid pour l'hiver. Une autre fois, il voulut qu'on dépouillât l'Esculape d'Epidaure, de sa barbe d'or, prétendant qu'il ne convenait pas qu'un fils eût de la barbe, tandis que son père n'en avait point (On sait que tous les Apollons sont représentés n'ayant, au menton, que le duvet de l'adolescence.) Un jour qu'après avoir pillé, dans Locres, un temple célèbre. de Proserpine, il traversait, avec le vent le plus favorable, le détroit qui sépare l'Italie de la Sicile : *Voyez* , dit-il à ſes amis, avec l'ironie de l'athéiſme, *voyez avec quelle bienveillance les Immortels fa- voriſent la navigation des ſacriléges.*

Au reſte, malgré un pouvoir immenſe, l'ennemi des dieux & des hommes n'eſt point fait pour goûter le repos; il peut ſe dérober à la haine qui l'environne, mais il n'échappe pas à lui-même. Denys, qui avait tant de fois levé le poignard du deſpotiſme ſur ſes concitoyens, voyait ſans ceſſe celui de la vengeance ſur ſa tête; il portait, ſous ſa robe, une cuiraſſe d'airain; il ne parlait, au peuple de Syra- cuſe, que du haut d'une tour, & penſait ainſi ſe rendre invulnérable, en ſe ren- dant inacceſſible. A meſure qu'il avança en âge, ſes terreurs, plus fondées, de- vinrent auſſi plus vives; l'eſclave, qui le raſait, s'étant vanté de porter, quand il voulait, le raſoir à la gorge du tyran, ce mot indiſcret lui coûta la vie; depuis ce moment, il ne confia plus ſa barbe & ſa tête qu'à ſes filles ou à lui-même. C'était sur-tout la nuit qu'à chaque remord qui s'élevait dans son ame déchirée, il croyait voir naître une conspiration ; aussi ses précautions croissaient avec ses alarmes. Le lit où il tentait de reposer, entouré d'un fossé profond, ne communiquait avec ses appartemens, qu'à l'aide d'un pont-levis. Les femmes mêmes qu'il tenait dans ses bras, quoique sans voile, n'étaient pas à l'abri de ses défiances outrageantes; il les chérissait avec inquiétude, & l'amour, qui console de tout, faisait encore son supplice.

Il fallait que le pouvoir absolu fût un faible dédommagement pour une situation aussi terrible, puisque de tems en tems il lui échappait des aveux bien faits pour dégoûter de la plus tranquille des tyrannies : toute l'antiquité a retenti, à cet égard, de l'histoire de Damoclès. Ce courtisan qui, jugeant de l'intérieur de Denys, par la magnificence de ses palais, par l'or qu'il amoncelait dans ses souterreins, par la variété des plaisirs qu'il appellait autour de lui, ne cessait de l'appeller le plus heureux des hommes. Le tyran qui portait dans son cœur le vautour de Prométhée, voulut faire sentir, à Damoclès, par quel prix ce bonheur fugitif était acheté. Il le fait placer sur un lit d'or, couvert de tapis de pourpre ; les essences les plus exquises sont prodiguées autour de lui ; des esclaves d'une rare beauté, cherchent à lire dans ses regards, pour prévenir tous ses désirs ; mais au milieu de cet enchantement, levant, par hasard, les yeux sur le plafond, il apperçoit une épée nue suspendue par un fil sur sa tête ; à l'instant une sueur froide se répand dans tous ses membres, le lit d'or, les parfums, les vierges à demi-nues, tout disparaît à ses yeux, il ne voit plus que l'épée fatale ; enfin, cédant à sa terreur, il implore la pitié de Denys, & lui dit, en gémissant, qu'il ne veut plus être heureux.

L'épée de Damoclès fut suspendue trente-huit ans sur la tête de Denys. A cette époque, le tyran remporta, à Athènes , le prix de la tragédie ; mais ce triomphe, si cher à sa vanité, lui coûta la vie ; il donna un festin somptueux à ses adulateurs, où il fit, avec eux, assaut d'intempérance. Une indigestion violente en fut la suite ; alors il traversa, porté sur ses esclaves , le pont-levis de son fameux lit fortifié , & il y entra pour n'en relever jamais.

Denys avait sept enfans des deux femmes qu'il avait épousées, depuis son avènement au trône de Syracuse. Quand Dion vit que sa maladie ne laissait aucune espérance, il se hasarda à lui parler du fils d'Aristomaque, lui insinuant qu'un Prince, né d'une Syracusaine, était plus fait pour gouverner la ville, que le fils d'une étrangère ; mais le complot était tramé à la Cour, pour donner le sceptre du Monarque mourant à Denys le jeune, son aîné, qu'il avait eu de la Locrienne, & pour en assurer le succès, le vieux tyran ayant demandé un breuvage qui le fît dormir, les Médecins en dou-

blèrent la dose, ce qui glaça ses sens, &
le fit passer, sans intervalle, du sommeil
de la nature, au sommeil de la mort.

DE

DENYS LE JEUNE.

FAIBLESSE DE SON GOUVERNEMENT (a).

Denys le jeune, quoique dans une République jalouse de son indépendance, recueillit aussi paisiblement le sceptre de son père, que s'il eût été l'héritier d'une longue suite de Monarques; l'impression de terreur, causée par le dernier règne, subsistait encore, & si le nouveau Souverain, vraie statue couronnée, n'avait pas laissé détendre, par son inertie, les

(a) *Diod. Sicul.* lib. 15 & 16; *Plutarch.* in Dion.

refforts du Gouvernement, long‑tems
comprimés par le génie de fon prédécef‑
feur, c'en était fait pour jamais de la
liberté de Syracufe.

On vit, dès le premier confeil d'Etat
qui fut tenu fous le nouveau Monarque,
quel ferait le caractère de fon règne.
Dion y déploya la politique la plus lu‑
mineufe, on l'écouta avec une admiration
apparente, & aucune de fes grandes vues
ne fut exécutée. L'adminiftration de l'Etat
fut confiée à des intrigans qui avaient
acheté leur faveur par des adulations &
des baffeffes, & à qui le faible talent de
gouverner un Defpote fans caractère,
faifait croire qu'ils avaient celui de gou‑
verner dix millions d'hommes.

Denys, après ce confeil, perfuadé que
le vaiffeau de l'Etat voguerait feul & fans
danger au milieu des orages, fe renferma
au fond de fon palais, & s'y livra à la
molleffe, il fe compofa un ferrail à la
façon des Defpotes de l'Orient, & donna
des feftins fomptueux, où il n'appella

que les miniſtres de ſon libertinage, ou
les malheureux qui devaient en être les
victimes. Il y eut telle de ſes parties de
débauche qui dura juſqu'à trois mois entiers (a). Pendant ce tems là, Syracuſe
ne connaiſſait l'exiſtence de ſon Souverain, que par des édits oppreſſeurs, qui
ſemblaient émaner du trône. mais que
Denys, toujours dans l'ivreſſe ou dans
les bras de ſes femmes, ſignait ſans lire.
Le peuple était indigné, mais ſes cris ne
parvenaient pas juſqu'au palais; il y avait
trop de tyrans ſubalternes intéreſſés à les
étouffer.

Cependant Dion vivait, & ſes mœurs
auſtères était la cenſure perpétuelle du
nouveau règne. Ce grand homme, voyant
à-la-fois le Trône & l'Etat en danger,
voulut les ſoutenir tous deux de ſon bras
tutélaire; ſes vues de réforme ſe portèrent
d'abord du côté du trône. Il alla trouver

(a) *Athen. Deipnoſoph. lib.* 10.

Denys, lui porta les plaintes de la Nation, & l'éclaira fur les déprédations fanguinaires de fes Miniftres. Le jeune Roi, dont l'ame facile s'ouvrait à toutes les impreffions qu'on voulait lui donner, applaudit au zèle de Dion ; mais fon palais n'en fut pas moins un vafte ferrail ; il continua à montrer à la Sicile les mœurs du Sardanapale de Babylone, & les tyrans fubalternes, qui foulaient le peuple, reftèrent en place.

La guerre, à cette époque, commençait à fe rallumer avec Carthage. Dion voulut voir s'il pourrait tirer Denys de fa léthargie, en lui préfentant la gloire en perfpective. Il lui propofa de defcendre en Afrique, & lui offrit cinquante galères, qu'il entretiendrait, à fes frais, jufqu'à ce que Syracufe eût fait une paix glorieufe ; tant de grandeur d'ame toucha le Defpote ; il promit de fe mettre à la tête de fes armées ; mais un feftin licencieux, prolongé jufqu'au lendemain, lui fit oublier fa parole. Le Sage revint à la charge, & obtint des fermens que des femmes, par leurs careffes perfides, rendirent non moins frivoles ; c'eft ainfi que Dion fe tourmentait pour vivifier cette froide ftatue, voyant défaire la nuit l'ouvrage du jour, & ne pouvant efpérer aucun fuccès de fes foins, parce qu'il ne travaillait que fur le fragile tiffu de Pénélope.

Ce fameux républicain défefpéra alors de ramener, par lui-même, un Monarque auffi faible, & pour lui donner un peu de reffort, il le mit entre les mains des Philofophes. Le Sage, qu'il choifit pour rendre Denys à fon peuple & à lui-même, avait des droits à fon choix, par fon génie & par fa vertu. C'était le plus fameux des difciples de Socrate.

VOYAGES DE PLATON

A LA COUR

DE SYRACUSE (*a*).

PLATON était déjà venu à Syracuse sous le dernier règne, il avait même été présenté à la Cour, & l'ancien Denys l'avait accueilli, comme un personnage rare, mais sans lui donner la moindre part dans sa confiance : en effet, leurs ames ne se rapprochaient par aucun point de contact, & il ne pouvait y avoir rien de commun, entre un Tyran & un Philosophe. Il n'en était pas de même de Denys le jeune. Ce Prince, quoique né sur les degrés du trône, se souvenait

______

(*a*) *Diod.* lib. 16 ; *Plutarch.* in Dion. *Plat.* Epist.

quelquefois qu'il était homme. Il connaissait l'amitié, & ne voyait, qu'avec
peine, répandre le sang : le goût n'avait
donc aucune part à ses édits de proscription ; il opprimait, parce que son père
avait été oppresseur, & il n'exerçait, pour
ainsi dire, qu'une tyrannie d'héritage.

Du moment où ce Prince fut con-
vaincu qu'il existait, dans la Grèce, un
homme capable de l'instruire dans le
grand art de régner, il désira de le
connaître, & comme il sentait que son
ame facile s'ouvrirait aisément à toutes
les impressions contraires, il fit un secret
de son dessein à ses courtisans & à ses
femmes ; Dion seul, qui le lui avait inspiré, fut dans sa confidence. Platon fut
long-tems à se déterminer ; il sentait
combien il était difficile de conquérir à
la vertu le fils d'un tyran, qui l'était lui-
même ; mais on lui observa que quand
il n'épargnerait qu'un crime à Denys, la
Terre lui saurait gré de son voyage, &
il partit pour Syracuse.

Dès que le secret de Denys commença à transpirer, ses corrupteurs tremblèrent ; ils voyaient que si l'esclave couronné leur échappait, leur règne allait finir. Pour préserver la Sicile de l'horrible danger (c'était leur expression) d'être gouvernée par un Roi Philosophe, ils accusèrent, sourdement, le disciple de Socrate d'une correspondance criminelle avec Héraclide & Théodote, les deux plus hardis républicains de Syracuse. Non contens de cette délation, ils eurent l'art de faire rappeller, de son exil, l'Historien Philiste, qui avait prostitué sa plume à l'éloge de l'ancien Denys ; c'était un lâche fauteur de la tyrannie ; mais les ennemis des lumiètes lui avaient fait un nom, & on voulait opposer sa célébrité à celle du Philosophe.

Platon vainquit tous ces obstacles. A peine débarqué de la galère qui l'amenait en Sicile, il trouva le plus magnifique des chars de Denys qui l'attendait ; ce Prince ne se démentit pas, quand le

Sage lui fut préfenté ; il l'accueillit avec le refpect dû à l'Inftituteur des hommes ; & après l'audience, il ordonna un facrifice, pour remercier le Ciel d'avoir donné un Philofophe pour ami, au Souverain de Syracufe.

Platon était né avec des mœurs douces, & le commerce de Socrate avait ajouté encore à fon urbanité ; il travailla à gagner la confiance du jeune Defpote, en évitant de heurter de front fes paffions, en ôtant à la Vertu cet air fauvage qui la fait haïr. Denys ne put réfifter à un piége auffi aimable ; fon inftituteur, fans qu'il s'en doutât, devint fon favori. Ses confeils furent un befoin pour fon cœur, qui commençait à s'indigner de fon inertie, & peu à peu l'ami de Platon promit un Roi à Syracufe.

Un mot qui échappa au Prince, au commencement de fon ivreffe philofophique, prouve l'efcendant prodigieux que l'élève de Socrate avait fçu prendre fur lui. La première année du nouveau règne était révolue, & on célébrait, dans le palais, un sacrifice solemnel pour la prospérité de Denys. Au milieu de la pompe religieuse, un des Ministres sacrés prononça, suivant l'usage, cette formule de prière : *Puisse le Ciel conserver long-tems le tyran, pour le bonheur de la Sicile!* On sait que ce mot de tyran, dans la Grammaire Grecque, n'était, d'ordinaire, que le synonyme de celui de Roi ; mais Denys, à qui les mots soit de Roi, soit de tyran, commençaient à devenir odieux, interrompit tout-à-coup le Ministre : *Insensé*, s'écria-t-il, *ne cesseras-tu pas de me maudire!* Quand on prononce un pareil mot, il faut être républicain sur le trône, ou abdiquer.

Cependant, les semences de vertu, jettées ainsi dans l'ame de Denys, alarmèrent des courtisans, qui ne pouvaient exister, que par le mal dont ils étaient les instrumens. Ils formèrent une confédération formidable, pour rendre le Philosophe odieux ; Philiste était à leur tête, & employait son éloquence vénale, à échauffer

les fauteurs secrets de la tyrannie. » Quel
» bien, disait-il, fera au Gouvernement,
» l'étrange révolution qu'on prépare ? C'est
» à sa Monarchie que Syracufe doit toute
» sa gloire ; sans elle, la Sicile ne serait
» aujourd'hui qu'une province du Pélo-
» ponèse : oh, combien Athènes doit
» s'énorgueillir de la faibleffe de notre
» trône ! il fut un tems où elle arma, vai-
» nement, toute sa puiffance pour le ren-
» verfer. Ses flottes, fes armées, fes Gé-
» néraux y périrent ; maintenant, elle n'a
» befoin que d'un Sophifte pour con-
» fommer ce grand ouvrage. C'est ce
» Sophifte qui, fe prévalant de la cré-
» dulité de Denys, lui perfuade de caffer
» les cohortes qui compofent fa garde,
» de fe défaire des quatre cents galères
» qui protègent fa marine, & de licentier
» fon armée, pour aller chercher la chi-
» mère du fouverain bien dans l'Acadé-
» mie. Denys, dit-on, exerce, avec
» fuccès, fon efprit dans les fpéculations
» mathématiques ; mais, qu'importe à la

» tranquillité de l'Etat que son Chef sache
» résoudre des problêmes d'équations ?
» Nous avons besoin d'un Roi, & non
» d'un Géomètre «.

Le grand art des courtisans, qui ont
intérêt à dégrader un Souverain, est de
faire peu à peu haïr la vertu, en la ren-
dant ridicule. Les adulateurs de Denys,
à force de lui présenter, sous un faux
jour, le zèle de Platon, parvinrent in-
sensiblement à le rendre suspect. L'orage
tomba d'abord sur Dion, qui avait fait
venir le Philosophe, & après l'exil de ce
grand homme, sous prétexte de faire
honneur à son instituteur, mais, en effet,
pour s'assurer de sa personne, Denys le
logea dans la citadelle.

On se doute bien que Platon, à l'exemple des amis de Cour, n'abandonna pas
Dion dans sa disgrace; plus on noircit
l'infortuné aux yeux du Roi, plus il le
défendit avec énergie. Denys commença
par s'indigner de la grandeur d'ame du
Philosophe, & il finit par l'admirer.

Cependant, depuis que Dion n'était plus en Sicile, les courtisans prenaient de jour en jour plus d'ascendant sur l'esprit du Despote. Denys honorait davantage Platon, mais lui marquait moins de confiance : celui-ci reconnut enfin que la Philosophie ne pouvait qu'effleurer une ame sans énergie, &, ne voyant plus de bien à faire dans Syracuse, il demanda à repasser dans le Péloponèse : Denys parut y consentir avec peine. Le jour du départ, des esclaves apportèrent, par son ordre, à son instituteur, des présens de la plus grande magnificence ; le Philosophe les refusa, & ne demanda, pour gage de la bienveillance de Denys, que le rappel de Dion.

Le vaisseau, qui ramenait Platon, aborda près de l'Elide : c'était au moment où la Grèce rassemblée célébrait les jeux Olympiques. Cet homme célèbre voulut y assister, mais sans se faire connaître. Il se trouva logé avec des étrangers de diftinction , & il vécut, dans leur fociété, de la manière la plus fimple , fans leur parler jamais ni de Socrate , ni de l'Académie : ceux-ci admirèrent les mœurs douces de leur convive , ils l'appellaient le bon homme ; le grand homme leur échappa. Les jeux terminés, ils fe rendirent tous à Athènes. A peine entrés dans la ville, les étrangers prièrent , avec inftance , Platon de les mener chez le Philofophe fameux qui portait le même nom que lui, & qui avait hérité de la gloire de Socrate : Platon leur dit , en fouriant , que c'était lui-même , & ils reconnurent que le génie fans fafte , n'en était pas moins du génie.

Cependant, Denys n'avait pas vu plutôt fon inftituteur éloigné, qu'il l'avait regretté. Pour oppofer toujours une barrière à la faction puiffante de fes adulateurs, il fit venir les plus favans hommes de l'Italie à fa Cour. Son palais devint à l'inftant une efpèce d'Académie, où le Protecteur sembla concourir, avec les Membres, pour le prix de l'éloquence & de la raison. Denys étalait fastueusement, dans chaque séance, la philosophie qu'il tenait de Platon ; mais comme ses maximes n'étaient que dans sa mémoire, & non dans son cœur, la source en fut bientôt tarie. L'automate couronné, au bout du rôle qu'il répétait, sentit le besoin de voir remonter ses ressorts, & il tenta de faire revenir, auprès de lui, le Philosophe qui avait, pour ainsi dire, organisé son intelligence.

Platon, qui connaissait mieux Denys, que ce Prince ne se connaissait lui-même, persuadé qu'un nouveau voyage ne ferait que compromettre sa philosophie, résista long-tems aux invitations flatteuses du Monarque. Architas de Tarente, & d'autres Sages de la secte de Pythagore, lui écrivirent, au nom de Denys, s'annoncèrent même comme les garans de sa parole royale, & à peine fut-il ébranlé ;

mais quand Dion lui apprit que son rappel était à ce prix, il sacrifia toutes ses justes répugnances au desir de rendre un ami heureux à son cœur, & un grand homme à Syracuse.

Platon avait soixante & dix ans, quand il exécuta son troisième voyage en Sicile. Son entrée, dans Syracuse, fut un triomphe : le peuple, persuadé que ce Sage, dont la vertu fut toujours active, allait tirer l'Etat du sommeil de mort où il était plongé depuis tant d'années, se livra, en le voyant, à toute l'ivresse de sa joie. Denys suivit le torrent, & logea le Philosophe dans l'appartement des jardins ; c'était le plus honorable de son palais ; non content de cette distinction, il lui accorda le privilége d'approcher de lui, à toute heure, sans être fouillé ; faveur qu'il refusait à ses amis de cœur, c'est-à dire aux confidens de ses plaisirs.

Platon n'était pas venu en Sicile pour jouir de sa gloire, mais pour faire le bonheur de Dion. Dès sa première entrevue avec Denys, il le fomma de fa parole; le Prince, qui craignait le célèbre exilé, tergiverfa. Le Philofophe fut outré; mais comme il avait le plus grand empire fur lui-même, il diffimula, pour ne point nuire, par trop de fierté, à la caufe qu'il était venu défendre.

La circonfpection de Platon fut auffi inutile à Dion, que l'éclat de fon zèle lui eût été dangereux. Denys, qui trouvait de jour en jour la vertu de fon hôte plus incommode, ceffa de garder, avec lui, des ménagemens : loin de rappeller fon ami, il fit vendre fes terres, & retint, pour fon propre tréfor, le prix de la vente. Platon, éclairé fur cette chimère brillante, qu'on appelle l'amitié des Rois, foupira fur le fort de Dion, & demanda fon retour dans le Péloponèfe.

Les ennemis des Philofophes, qui naiffent, dans toutes les Monarchies abfolues, fous les pas des tyrans, affluèrent, à cette époque, à la Cour de Denys, & pour l'aigrir de plus en plus contre le disciple de Socrate, ils calomnièrent sa correspondance républicaine avec Dion. Le faible Monarque fit, à l'instant, sortir Platon de l'appartement des jardins, & le logea hors du château, dans la caserne de ses gardes : ce nouveau séjour, sans avoir l'appareil terrible des prisons, n'en était pas moins dangereux. La soldatesque des casernes haïssait le Philosophe de longue main, parce qu'elle savait qu'il avait toujours conseillé au Roi de la casser, pour vivre sans autre garde, que l'amour de sa nation. Il y eut même un moment d'émeute, où on se disposait à attenter à sa vie. Heureusement Denys parut, & ce Prince, qui n'était jamais généreux ou cruel qu'à demi, le sauva de la fureur de ses gardes, mais sans le transférer hors de la caserne.

Cependant, la nouvelle du péril de Platon transpira bientôt hors de la Sicile. Le Philosophe Architas, qui exerçait alors la première magistrature de Tarente, se hâta d'envoyer des Ambassadeurs, & une

ANTINOÜS.

galère à trente rames, pour redemander
le Sage d'Athènes au tyran de Syracufe.
Celui-ci, dont l'ame confervait encore
un refte de pudeur, n'ofa confommer fa
perfidie, & renvoya Platon à Tarente ;
avec ce grand homme, la Raifon & la
Vertu partirent du palais, & on ne vit
plus, fur les marches du trône, que cette
claffe d'êtres abjects, qu'on nomme des
favoris, des courtifannes & des Antinoüs.

Il était tems que Dion vînt au fecours
de fa patrie, pour qu'il s'y trouvât encore
des hommes, lorfque Carthage ou Rome
tenteraient d'en faire la conquête.

HISTOIRE

DE

DION (a).

Dion était frère d'Ariſtomaque, une des deux femmes que Denys l'ancien épouſa en même tems, pour cimenter ſon pouvoir par des alliances : dans cet âge, où l'ame neuve encore s'ouvre ſi facilement à toutes les impreſſions qu'on veut lui donner, le haſard lui donna, pour inſtituteur, Platon, qui fixa les regards de ſon élève ſur le double tableau de Syracuſe libre, & de Syracuſe ſe débattant ſous la hache du deſpotiſme : ainſi, il

---

(a) *Plutarch.* in Dion.

reçut à-la-fois l'éducation de la philofophie & celle des évènemens.

Le charme que Dion éprouvait à entendre le difciple de Socrate, fit croire
à ce bon jeune homme qui avait toute
la crédulité de la vertu, que Denys n'y
ferait pas infenfible, & il lui demanda
la permiffion de lui amener le Philofophe. L'entrevue n'eut aucun fuccès. Il ne
pouvait y avoir rien de commun entre
cet homme de génie & un tyran. L'en-
tretien roula fur cette grande queftion
de morale, *qu'il ne peut y avoir d'heureux
que le jufte*, & Denys s'indigna du choix
d'un pareil fujet, comme d'un trait de
fatyre; ne pouvant plus contenir fon
emportement, il interrompit le Philofophe, au milieu d'une période, pour
lui demander ce qu'il était venu faire
en Sicile. *Je fuis venu*, dit Platon,
chercher un homme de bien. — *On dirait,
à t'entendre*, répartit le tyran, *que tu ne
l'aurais pas encore trouvé.*

La préfence de Dion empêcha Denys

d'employer, contre les raifonnemens du Sage, l'argument des tyrans ; il refpeÇa fa vie. Mais lorfque Platon fut fur le point de s'embarquer pour le Péloponèfe, il pria le Spartiate Pollis, qui commandait fon vaiffeau, de le faire périr dans la route, ou du moins de le vendre en qualité d'efclave. ›› Quel mal lui arrive- ›› rait-il d'être mis en vente, difait-il, ›› avec une ironie amère, il eft l'homme ›› jufte par excellence, & fuivant fes ›› maximes, l'homme jufte n'eft pas plus ›› heureux libre qu'efclave ‹‹.

L'homme jufte fut, en effet, vendu aux Eginètes, par le lâche Spartiate ; mais le reffentiment de Denys ne s'étendit pas fur Dion. Sa grande jeuneffe rendait, aux yeux du tyran, fa vertu fans confé-quence.

Dion, à l'avènement de Denys le jeune, croyant le moment plus favorable pour réconcilier la Philofophie avec le trône, engagea, comme nous l'avons vu, ce Prin- à faire revenir Platon à Syracufe. Ce

voyage fut un triomphe pour le difciple
de Socrate, mais fon illuftre ami y vit
le germe de fes infortunes; les amis de la
tyrannie, intéreffés à empêcher la confédération de la vertu & des lumières à
la Cour de Syracufe, accusèrent Dion
d'entretenir une correfpondance criminelle avec Théodote & Héraclide, les
deux plus hardis républicains de la Sicile;
ils ajoutèrent, pour le rendre perfon-
nellement odieux au Defpote, que fon
plan était de donner le trône à un de
fes neveux, qui y avait droit, en qualité
de fils d'Ariftomaque; comme toutes ces
manœuvres, éclairées bientôt par la vigi-
lante amitié de Platon, ne produifaient
pas tout l'effet que la calomnie pouvait
en attendre, on ourdit, avec tout le myf-
tère imaginable, une autre trame, plus
faite pour en impofer à la crédulité du
tyran. On contrefit des lettres de Dion
aux Ambaffadeurs de Carthage, ou du
moins fi ces lettres étaient réelles, non
content de les arrêter contre la foi publi-

que, on sçut les empoisonner, de manière
à faire regarder leur auteur comme criminel d'Etat : elles portaient en substance,
que *si les Ambassadeurs demandaient la
paix avec leur République , ils ne tinssent
leurs conférences que quand Denys l'y ap-
pellerait ; parce que lui seul saurait donner
une base solide au traité qui lierait les deux
Puissances.*

Denys à la lecture de ces lettres, se
livra à tout son emportement ; mais par
les conseils de l'infâme Philiste, il mit
le machiavélisme le plus raffiné dans sa
vengeance ; Dion fut attiré, dans le palais,
sous le prétexte d'une réconciliation, &
quand le tyran l'eut accablé de ses ca-
resses perfides, il alla se promener, seul
avec lui , le long d'une anse , dominée
par la citadelle. Là, changeant tout-à-
coup de ton & de visage, il lui montra
les lettres aux Ambassadeurs , & l'accusa
de s'être ligué, avec Carthage, pour le
désastre de la Sicile. Dion voulut se jus-
tifier, mais Denys, refusant de l'entendre,

le fit monter , à l'inſtant , ſur une cha-
loupe , & ordonna aux matelots de l'a-
bandonner ſur les côtes de l'Italie.

Le ſecret qu'on avait mis à diſpoſer ce
complot , fut mal gardé dans ſon exécu-
tion ; auſſi l'alarme ſe répandit bientôt
dans Syracuſe. Les femmes du palais ne
ſe montrèrent qu'en deuil , comme ſi
elles venaient de perdre le père de la
patrie ; le peuple s'attroupa ſur le bord
de la mer & aux environs de la citadelle , & Denys , qui craignait une émeute , fut obligé de plier. Il déclara publi-
quement que Dion n'était point exilé ,
mais que par des raiſons d'Etat , il l'avait
engagé à s'abſenter quelque tems , pour
que ſon ambition ne troublât point le
repos de la Sicile ; en même - tems , il
donna , à la famille de ce grand homme ,
deux vaiſſeaux , pour y charger les richeſſes immenſes qu'il laiſſait dans Syracuſe : les Pilotes eurent ordre de faire
voile vers le Péloponèſe.

Dion vint s'établir à Athènes , & comme

il était le plus riche particulier de la Grèce , il y étala toute cette magnificence
avec laquelle le Sage même quelquefois
ne dédaigne pas d'en impofer à la multitude. Quand Platon fut nommé pour
donner des jeux publics , aux fêtes de
Bachus , ce fut le Héros de Syracufe qui
fit la dépenfe des habits de théâtre , &
qui défraya les perfonnages des chœurs ;
& il le fit avec un luxe dont , jufqu'à ce
moment, il n'y avait point eu d'exemple.
Le Philofophe ne fut point fâché de céder , à fon ami , tout l'honneur de ces
jeux , pour que la bienveillance d'A-
thènes pût , dans des tems plus heureux , le ramener , en triomphe , à
Syracufe.

Au refte , la magnificence de Dion
n'éclatait que pour les chofes publiques ;
dans fa vie privée , c'était le plus fimple,
le plus frugal & le plus modefte des
hommes ; auffi Lacédémone, qui, malgré
la dégradation de fes mœurs, fe connaiffait
encore en vertu , l'agrégea au nombre

de fes citoyens, & lui fit autant d'honneur que s'il eût été un Héraclide.

Cependant Dion, au milieu de fes triomphes, ne pouvait oublier fa patrie; l'idée de la fervitude de fes concitoyens empoifonnait toutes fes jouiffances. Les nouvelles fureurs de Denys, contre ce grand homme, amenèrent enfin la liberté de Syracufe. Le tyran fit vendre les terres de ce fameux exilé, & maria fa femme à un de fes favoris. Dion, n'ayant plus rien à ménager, quitte alors le Péloponèfe, & vient, l'épée à la main, demander raifon, à Denys, des malheurs de la Sicile.

RÉVOLUTION

QUI REND, A SYRACUSE,

SA LIBERTÉ.

LA Grèce se crut transportée, sans doute, au tems des héros des Thermopyles, quand elle vit un exilé, qui n'avait, à ses ordres, que deux navires & huit cents hommes de guerre, venir défier, dans ses Etats, un Monarque puissant, qui commandait une flotte de quatre cents vaisseaux, & une armée de cent mille hommes; & le succès de cette entreprise, qu'une politique vulgaire regardait comme extravagante, acheva de détromper l'Europe sur la justesse de cette maxime de l'ancien Denys, que *le nombre des soldats, & la force, sont les chaînes de diamant avec lesquelles on lie les Empires.*

Les huit cents héros de Dion partirent de l'ifle de Zacynthe, pour fubjuguer la Sicile. On était alors dans le cœur de l'été, & un vent d'Eft, qui foufflait fans raffales, annonçait une navigation heureufe. Au moment où la trompette guerrière donnait le fignal de l'embarquement, la lune vint tout-à-coup à s'éclipfer, ce qui répandit la terreur dans la petite armée. Dion, élevé par Platon, avait la Phyfique de l'Académie ; mais comme il fe défiait de l'intelligence de fes foldats, il aima mieux interpréter le préfage, que de l'anéantir. Le devin Meltas, que fans doute ce grand homme avait infpiré, parut fur le bord du rivage, & après quelques cérémonies fuperftitieufes: » Courage, mes amis, s'écria - t - il, les » Dieux font pour vous. L'éclipfe de » l'aftre, qui répandait, il y a un moment, » la lumière la plus éclatante dans les plai- » nes du Ciel, vous annonce que la ty- » rannie de Denys eft fur fon déclin, fa » puiffance jette envain un éclat qui en

» impofe. Au moment où vous paraîtrez
» à Syracufe, elle fera éclipfée «.

Denys n'était point en Sicile, quand
fon rival y débarqua. Ce Prince, à la
tête d'une flotte de quatre-vingts vaiffeaux, venait de faire voile pour l'Italie,
& il avait laiffé, pour commander à fa
place, dans Syracufe, ce même Timocrate,
qui avait ofé époufer la femme de Dion,
de fon vivant. Dès qu'on fçut, dans la
ville, que le libérateur de la patrie approchait, les langues, que le defpotifme
tenait enchaînées, fe délièrent, les Orateurs républicains montèrent à la tribune,
le peuple s'arma, & Timocrate, à qui on
ferma le chemin de la citadelle, n'eut que
le tems de monter à cheval, pour fe dérober au fupplice.

Pendant que la nobleffe allait recevoir
Dion, aux portes de Syracufe, la multitude commença à fe faire juftice à elle-
même; les maifons, voifines du palais de
Denys, étaient habitées par les délateurs,
race maudite, dit le bon Plutarque, *race*

ennemie des dieux & des hommes. Ces êtres vils se répandaient dans la ville, s'ingéraient dans toutes les affaires, &, de retour, le soir, auprès du tyran, calomniaient la pensée de tous les citoyens qui pouvaient lui faire ombrage. On les arracha de leurs foyers, & on les assomma, sans autre forme de procès, devant leurs maisons.

Dion entra, en triomphe, dans Syracuse, & annonça, au peuple, qu'il était venu abolir la tyrannie; on rétablit aussitôt l'ancien Gouvernement républicain, mais sous une nouvelle forme. Une compagnie de vingt des citoyens les plus accrédités, qui avaient eu part à la révolution, fut chargée de l'autorité légiflative; pour la puissance exécutrice, on la confia à Dion & à Mégaclès, son frère; mais on ne leur donna que le titre de Capitaines-Généraux, afin de ne point fournir d'aliment à l'ambition de leurs successeurs.

Dion, au sortir de l'assemblée, alla

faire le siége du château d'Epipole, s'en empara, & délivra tous les citoyens que le tyran y tenait renfermés ; ce qui le rendit, plus que jamais, agréable à la multitude.

Déja sept jours s'étaient écoulés depuis la révolution, quand Denys revint de son voyage d'Italie, & entra, avec sa flotte, dans le château. Le tyran tenta d'abord la fidélité de Dion, par l'entremise des espions, qu'il lui envoya sous le titre honorable d'Ambassadeurs. Le Héros éventa le piége qu'on lui tendait, & déclara que Syracuse étant une ville libre, c'était au corps de ses citoyens que les Députés de Denys devaient s'adresser. Ces Ambassadeurs comparurent, en effet, devant les Représentans de la République, & promirent, au nom de leur maître, aux habitans de Syracuse, la modération des impôts, & l'exemption du service militaire, s'ils rentraient, de bon gré, sous son obéissance. Dion répondit, au nom de la Nation, qu'il n'y avait point de traité à efpérer, à moins que Denys ne commençât par abdiquer le pouvoir fuprême ; alors les Ambaffadeurs fe retirèrent, & le tyran ayant femé le bruit qu'il allait fe démettre de la royauté, on députa, à fa prière, quelques citoyens diftingués de Syracufe, pour conférer avec lui, fur les moyens de donner une paix ftable à la Sicile.

De ce moment, Syracufe fe crut libre, comme fi un tyran, qui a encore l'épée à la main, favait abdiquer ! Mais toute cette négociation n'était qu'une rufe, pour connaître les forces de la ville, & les rendre inutiles. A peine les Députés furent-ils en préfence de Denys, qu'on les mit dans les chaînes, & le lendemain, à la pointe du jour, les troupes étrangères, que ce Prince avait à fa folde, vinrent attaquer le mur dont Dion avait environné la citadelle.

Syracufe ne s'attendait point à cette perfidie ; auffi le rempart fut pris d'affaut, & les barbares, foudoyés par Denys, commençaient à inonder la ville, quand Dion parut. Il y eut un combat terrible autour de ce Héros; dès qu'il se sentit blessé, il laissa le commandement à Timonide, un des Historiens de la Sicile, & , malgré la faiblesse qu'entraînait la perte de son sang, qu'il ne pouvait étancher, il courut . dans la ville, chercher un renfort, l'amena au secours de ses bataillons, qui commençaient à plier, & força les soldats du tyran à rentrer, en désordre, dans la citadelle. On décerna, à Dion, une couronne d'or, pour prix de cette victoire.

Cependant, le tyran ne se déconcerta point; il envoya, au libérateur de la Sicile, un héraut, chargé de diverses lettres, pour lui; il y en avait une qui portait pour adresse, *à mon père*, & qui semblait de l'écriture d'Hyparinus, fils de Dion. Les Magistrats de Syracuse, par respect pour le grand homme, à qui elle était adressée, ne voulaient pas qu'on en fît une lecture publique; mais celui-ci, qui

n'avait point de fecret pour fa République, en rompit le fceau, & la donna à
l'Orateur. Il fe trouva que cette lettre
était de Denys lui-même. Ce fourbe y
avait mis tout l'art poffible, pour rendre
Dion odieux ; il lui rappellait tout ce
qu'il avait fait au commencement du
règne , pour empêcher Syracufe de devenir une Ariftocratie ; il lui obfervait
combien il ferait dangereux pour lui de
rendre libres des hommes qui avaient
tant de fujet de le haïr , & il finiffait
par l'exhorter à ne feindre de combattre
le tyran , que pour garder la tyrannie
pour lui-même. Cette lettre , chez un
peuple ombrageux & défiant , fit un grand
effet. La multitude crut que Denys écrivait à fon ennemi de bonne foi, & les
citoyens éclairés , qui ne furent pas la
dupe d'un pareil machiavélifme, s'ima-
ginèrent encore que le Héros ne pouvait
fe difpenfer d'avoir, pour le tyran, des
ménagemens qui compromettraient fa
République.

Sur ces entrefaites, Héraclide, un des bannis du dernier règne, sans s'être concerté avec Dion, qu'il n'aimait pas, parut, devant le port de Syracuse, avec une escadre de dix vaisseaux, pour combattre Denys en son propre nom. Le peuple, dans le délire de sa reconnaissance, se hâta de le nommer Amiral ; déja il recevait les félicitations de ses amis, quand Dion parut ; il représenta, à l'assemblée, que la charge dont elle venait de revêtir Héraclide, était un démembrement de la sienne ; alors le peuple rougit d'une précipitation qui tenait de l'ingratitude, & cassa le décret en faveur d'Héraclide.

L'ambition d'un homme vulgaire n'aurait rien imaginé après ce retour. Celle d'un grand homme ne pouvait être satisfaite. Dion, tranquille sur la bienveillance de sa patrie, convoqua une nouvelle assemblée, y nomma Héraclide Amiral de Syracuse, & lui fit donner des gardes, comme à lui-même : malheureusement il fut la victime de sa grandeur d'ame. Héraclide trahit fon bienfaiteur, avec la même baffeffe que s'il eût été aux gages du tyran, & Dion acheva de fe perdre, en dédaignant de l'en punir.

Parmi les efprits incendiaires, dont difpofait Héraclide, était un intriguant, nommé Sofis, qui abufant de la bonté de Dion, & comptant fur fon impunité, allait, dans toutes les maifons où il avait accès, calomnier la vertu de ce grand homme. Un jour il parut, dans la place publique, à demi-nud, la tête enfanglantée, & affectant le trouble d'un homme qui échappe, avec peine, à fes affaffins ; on s'attroupe autour de lui, & il déclare que ce font les gardes de Dion qui, en attentant à fa vie, ont voulu le punir de fon patriotifme. La populace commençait à s'échauffer, quand Dion, inftruit du complot, parut dans l'affemblée. Il fit d'abord obferver combien la délation de Sofis était fufpecte, puifqu'il était frère d'un des gardes de Denys, &

qu'il entretenait, avec cet ennemi de l'Etat, la plus étroite correspondance. En même-tems, des Médecins, appellés pour visiter la plaie du factieux, firent un rapport qui ajouta aux soupçons qu'on avait sur sa bonne foi. » Les blessures, » faites par le tranchant d'une épée, sont, » dirent-ils, très profondes vers le centre, » au lieu que celle de Sosis est légère » dans toute son étendue : de plus, cette » dernière a plusieurs têtes, ce qui prouve » que le blessé, arrêté par la douleur, s'est » déchiré lui-même à plusieurs reprises. — Un rasoir ensanglanté, qu'on trouva sous une voûte, d'où on avait vu sortir Sosis, avant de jouer sa comédie dangereuse, acheva d'éclairer le peuple sur cette calomnie ; alors les ennemis de Dion se dérobèrent à une juste vengeance, & l'imposteur fut conduit au supplice.

Au milieu de toutes ces dissentions intestines, Philiste, l'Historiographe du tyran, vint, au secours de Denys, avec

une flotte; mais ce fut là le dernier de
ses crimes. Les Syracusains le défirent,
& lui ôtèrent la vie. Suivant Ephore,
un des Historiens de la Sicile, lorsqu'il
vit son vaisseau amiral au pouvoir de
l'ennemi, il se tua, pour se dérober à
l'ignominie de l'échaffaut; mais le récit
de Timonide est plus vraisemblable. Cet
homme vil, à l'en croire, conserva, dans
sa défaite, la lâcheté qu'il avait témoi-
gnée dans ses ouvrages; il se laissa prendre, vivant, par les vainqueurs, qui le
dépouillèrent, lui coupèrent la tête, &
livrèrent son cadavre aux enfans d'une
populace effrénée, qui, après l'avoir traîné, avec opprobre, le long des rues &
dans les places publiques de Syracuse,
l'abandonnèrent aux vautours, devant le
cachot des Carrières.

La défaite de Philiste porta le dernier
coup à la tyrannie de Denys. Ce Prince,
avant que sa retraite lui fût fermée, par
la flotte d'Héraclide, se sauva, sur un
vaisseau, avec ses amis & ses tréfors,

laiſſant, à ſon fils Apollocrate, le commandement de la citadelle.

Syracuſe, tranquille du côté du tyran, ſe trouva, plus que jamais, en proie aux fureurs de l'anarchie. Héraclide, qui la gouvernait, par ſes Satellites & ſes Orateurs, lui perſuada de conſommer le grand ouvrage de ſa liberté, en proſcrivant la famille entière de Denys. Dion vit d'où le coup partait, & quelle était la tête qu'il allait frapper : mais jugeant du cœur de tous les hommes, par le ſien, il crut indigne de lui de prendre des meſures contre l'ingratitude de ſes concitoyens. Sa vertueuſe crédulité le perdit. Les Magiſtrats de Syracuſe, inſpirés par Héraclide, eurent la baſſeſſe de ſolliciter, ſecrettement, les ſoldats étrangers, que Dion avait amenés avec lui, de l'abandonner ; mais ceux-ci, s'indignant d'une telle perfidie, mirent leur Général au milieu d'eux, lui faiſant un rempart de leurs corps, & le conduiſirent ainſi hors des murs de Syracuſe, ſecouant, avec horreur, la poussière d'une ville qui traitait avec autant d'indignité ses grands hommes.

Les satellites d'Héraclide, voyant l'inutilité de leur stratagême, consommèrent leur attentat, & donnèrent ordre de passer au fil de l'épée tous ces généreux défenseurs de Dion. Le Héros, réduit à l'alternative horrible de combattre ses concitoyens, ou de périr avec ses amis, tendait des mains suppliantes à ses assassins, les conjurant de tourner plutôt leurs armes contre les ennemis de la patrie, qui les bravaient du haut des murs de la citadelle. La générosité n'est pas faite pour être sentie par des traîtres ; aussi Dion, voyant le péril s'accroître, ordonna, à ses soldats, de marcher serrés, mais sans faire la moindre charge, se contentant d'agiter leurs armes & de pousser de grands cris, comme s'ils allaient se jetter sur leurs aggresseurs. Ce stratagême eut son effet, la cohorte d'assassins se débanda à l'inftant, & Dion libre, mena ſes ſoldats ſur le territoire des Leontins.

Syracuſe, en perdant Dion, perdit ſon plus ferme boulevard contre la tyrannie. Les Lieutenans de Denys, profitant de l'eſpèce de vertige qui s'était emparé des eſprits, renverſèrent le mur qui entourait la citadelle, & ſe répandant dans la ville, en livrèrent une partie au pillage. Alors tomba le voile qui faſcinait les yeux de la multitude; les regards de la patrie ſe tournèrent, avec attendriſſement, vers Dion, & on mit, à le rappeller, autant d'enthouſiaſme, qu'on avait mis de frénéſie à le bannir. Il était tems que ce Héros parût dans Syracuſe; car cette ville infortunée commençait à offrir le tableau de l'incendie de Troye. Les ſoldats de Denys embraſaient les maiſons par-tout où ils pouvaient pénétrer, égorgeaient les enfans & les vieillards, & violaient les femmes juſques ſur les autels. Dion pouſſa ces brigands effrénés juſqu'au pied de la muraille qu'ils avaient abattue, &

là, à la lueur des flammes, qui dévoraient les édifices de Syracufe, il leur livra, au milieu des décombres du rempart, le combat le plus fanglant. La plûpart de ces fatellites de la tyrannie furent paffés au fil de l'épée, & le refte fe fauva, en défordre, dans la citadelle.

Les Orateurs, qui, par leurs harangues turbulentes, avaient amené l'ingratitude de la patrie contre Dion, n'attendirent pas fa victoire, pour fe faire juftice. Au moment où ils apprirent fon retour, ils fe bannirent de Syracufe. Héraclide, qui connaiffait mieux la grandeur d'ame du Héros qu'il avait voulu faire affaffiner, fe remit lui-même entre fes mains, & celui-ci, non-feulement lui pardonna, mais encore lui conferva fa dignité d'Amiral.

La clémence, pouffée à l'excès, eft la faibleffe des grandes ames : Dion ne tarda pas à être puni de la fienne. Héraclide recommença fes intrigues, fouleva les gens de mer, qu'il commandait, contre le libérateur de Syracuse , & finit par entretenir une correspondance criminelle avec Denys , par l'entremise d'un Spartiate. Lorsque le complot fut dans sa maturité , ce factieux , qui était alors, avec son Général , dans le territoire d'Agrigente , l'abandonna , à la veille d'une bataille , & mit à la voile avec toute sa flotte , pour se rendre maître de Syracuse.

Dion , instruit de cette nouvelle perfidie , fit faire, à sa cavalerie , une marche forcée (*a*) , & entra , dans la capitale de la Sicile , avant Héraclide.

Cependant , la citadelle manquait de vivres , & Apollocrate , fils de Denys , voyant, par la concorde des assiégeans , toutes ses espérances renversées, capitula, & livra la place , à condition qu'il se

____

(*a*) Plutarque dit *sept cents stades , depuis l'entrée de la nuit , jusqu'à neuf heures du matin ;* ce qui n'est pas vraisemblable quoique ce ne soit pas physiquement impossible.

retirerait, en liberté, auprès de son père, avec sa famille & ses tréfors. Le traité fut accepté. Les navires de tranfport mirent à l'inftant à la voile : c'était au milieu de la nuit ; de forte que le Soleil levant éclaira, de fes rayons, la liberté de Syracufe.

Dion allait prendre poffeffion de la citadelle, lorfqu'il vit venir, au-devant de lui, Ariftomaque, fa fœur, & Arète, fa femme. Ariftomaque tenait, par la main, le fils de ce grand homme ; pour Arète, elle marchait derrière, fondant en larmes, & n'ofant lever les yeux fur l'époux qu'on l'avait forcée d'outrager. Dion embraffa d'abord fa fœur & fon fils. Ariftomaque profita de ce moment d'attendriffement pour lui préfenter Arète. » Mon frère, lui dit-elle, ton exil a » empoifonné notre vie : je te revois, » vainqueur des tyrans, & maintenant » que mes mains ne font plus flétries, » par l'empreinte des chaînes, je puis » lever, avec affurance, les yeux vers

» mon libérateur; il n'en eft pas de même
» de cette infortunée : contrainte, malgré
» fa longue réfiftance, à paffer, de ton
» vivant, dans les bras d'un autre époux,
» fes malheurs n'ont point fini avec fa
» fervitude. Tu la vois, refpirant à
» peine, & attendant, avec inquiétude,
» l'arrêt que tu vas prononcer. Te falue-
» ra-t-elle, avec refpect, en qualité de
» ta nièce ? t'embraffera-t-elle, avec
» tranfport, en qualité de ton époufe « ?
— Dion ému, n'eut pas la force de répondre; il alla fe jetter dans les bras de
fon époufe, confondant fes larmes avec
les fiennes, lui rendit fon fils avec
fon cœur, & oublia parfaitement fon
erreur cruelle; ce qui était encore plus
généreux, que de la lui pardonner.

Dion, après l'évacuation de la citadelle, tranquille dans Syracufe, jouit
quelque tems, en paix, de fa gloire ;
fa clémence, fa modeftie, fa frugalité,
le rendaient l'idole de fon pays & des
étrangers. Platon lui écrivait, *que la*

*terre entière avait les yeux fixés sur sa
personne*, & il ne croyait occuper que
l'attention d'un petit nombre d'amis ;
Carthage, l'Italie, la Grèce, lui prodi-
guaient les témoignages de leur admiration, & il n'ambitionnait que le suffrage des Philosophes de l'Académie.

ASSASSINAT

DE

DION (a).

Denys le tyran était mort dans son lit, & Dion, le fauveur de fa patrie, périt affaffiné. Quel argument en faveur du principe fublime de l'école de Socrate fur l'immortalité !

Dion n'aimoit point la Démocratie pure ; il regardoit cette efpèce de Gouvernement comme une perpétuelle Anarchie ; il réfolut de la combiner avec une Ariftocratie modérée, & même avec une ombre de Monarchie, prenant pour modèle les Légiflations de la Crète & de

____

(a) *Plutarch.* in Dion.

Lacédémone , regardées , avec raison ,
comme les chef-d'œuvres de l'efprit humain. Mais Syracufe n'était pas affez
mûre , pour goûter la raifon profonde
d'un Lycurgue ou d'un Minos , & elle
s'indigna de ce que fon libérateur ne
voulait pas fubftituer, à la tyrannie d'un
feul , la tyrannie de la multitude.

Héraclide , l'éternel ennemi du génie
& de la vertu , fut celui qui attifa , avec
le plus de fureur , le feu de la révolte. Il
ajoutait , aux prétendus crimes de Dion,
celui de n'avoir pas fait rafer la citadelle,
antique afyle de la tyrannie , & d'avoir
empêché le peuple de tirer, de fa tombe,
le cadavre de l'ancien Denys , pour
l'abandonner aux vautours. Le Héros
de Syracufe reconnut enfin que tant
que ce factieux refpirerait , il n'y avait
point de bien à faire dans fa patrie ;
alors, voyant que l'afcendant d'un homme
auffi dangereux fur le peuple , le mettait
au - deffus de la loi , il eut la faibleffe
de s'y mettre lui-même , & il permit ,

à quelques enthousiastes de la liberté, de punir, sans employer le glaive de la justice, les crimes d'Héraclide. Ceux-ci, craignant l'instant de la réflexion, se hâtèrent d'aller dans la maison du proscrit, & l'assassinèrent.

Le remord ne tarda pas, en effet, à entrer dans l'ame de Dion. Ce grand homme se reprocha le meurtre d'un scélérat, avec autant d'amertume, que le supplice d'un homme de bien; & pour réparer, autant qu'il était en lui, le crime d'avoir proscrit sa tête, il lui fit des obsèques magnifiques, & suivit lui-même la pompe funèbre avec toute son armée. Syracuse eut la faiblesse de regretter Héraclide, mais ce ne fut pas elle qui vengea sa mort.

Dion avait fait, dans Athènes, la connaissance d'un intriguant nommé Callippe, homme sans génie, sans mœurs & sans lumières, & qui ne pouvait sympathiser, avec le libérateur de Syracuse, que par une bravoure que, d'ordinaire, tous ces défauts naturels n'excluent pas ; il eft vrai que cette bravoure n'était point commune. Callippe avait fait, avec fuccès, toutes les campagnes de Dion, &, dans la dernière révolution, il était entré le premier, l'épée à la main, dans Syracufe : quand il vit Héraclide mort, & Dion en butte à l'ingratitude de fes concitoyens, il imagina d'ufurper, pour lui - même, la tyrannie ; mais il ne pouvait y réuffir, tant que ce dernier refpirerait ; & comme il n'ofait ni traduire en juftice fon ami, ni le combattre dans les champs de l'honneur, il réfolut de l'affaffiner.

Les ennemis de Syracufe trempèrent, dit-on, dans ce complot abominable, & envoyèrent, à Callippe, trente talens, pour l'exécuter avec plus de fûreté. Le fcélérat fe fervit de cet argent, pour corrompre des foldats étrangers qui étaient au fervice de fon bienfaiteur. Car, malgré la haine des partifans d'Héraclide, Dion n'aurait trouvé aucun affaffin dans Syracufe.

Plutarque, le premier Historien des visions de l'antiquité, raconte, avec sa crédulité ordinaire, que Dion, peu avant sa mort, fut averti de son malheur par les Dieux. Ce grand homme, dit-il, était assis, à l'entrée de la nuit, sous un portique de son palais, enséveli dans de sombres rêveries. Tout-à-coup un bruit sourd se fait entendre derrière lui, il se retourne, & apperçoit l'ombre d'une femme, qui ressemblait, par les traits, aux furies des théâtres ; ce phantôme, avec son fouet de serpents, semblait balayer tout l'espace qu'il parcourait. Dion, tout intrépide qu'il était, parut alarmé, & pria ses amis de veiller avec lui ; mais le phantôme eut peur de tant de monde rassemblé, & ne reparut pas.

Peu de jours après, le fils du Héros, qui venait d'entrer dans l'âge de l'adolescence, se précipita, du haut du palais, la tête la première, & se tua : les interprêtes des songes ne manquèrent pas de déclarer que la furie venait de commencer à balayer la demeure de Dion, & la chaîne de la superstition en acquit un anneau de plus.

Il est certain que le complot de Callippe commençoit à transpirer ; & quoiqu'on n'eût encore que des indices vagues, il étoit prudent de s'armer de défiance. Mais les précautions d'une tyrannie ombrageuse n'étoient point faites pour entrer dans l'ame magnanime de Dion. Indigné qu'on le crût capable d'imiter l'ancien Denys, il renvoya ses gardes, & dit qu'*il aimût mieux mille fois présenter sa tête à un assassin, que d'être obligé à chaque instant de surveiller ses amis.* Ce mot, entendu de Callippe, fut l'arrêt de sa mort.

Cependant, la femme de Dion & sa sœur n'étoient rien moins que tranquillisées par sa grandeur d'ame. Le bruit s'étant répandu que Callippe avoit des conférences avec les hommes les plus suspects, elles allèrent le trouver pour éclaircir leur défiance. Le scélérat, qui avait son cœur de boue dans ses mains, fondit en larmes devant elles, & parvint ainsi à les rassurer. Les deux héroïnes, pour achever de bannir leur terreur, demandèrent, à Callippe, le grand serment; celui qui le prononce va dans le sanctuaire du temple de Proserpine; là, tenant une torche sacrée à la main, & couvert de la mante de pourpre de la Déesse, il jure qu'il n'est point coupable du crime dont on l'accuse. Les grands criminels n'ont point de dieux. Aussi Callippe prononça tous les sermens qu'on voulut, & même, pour joindre la dérision au sacrilége, il fixa, pour l'assassinat de Dion, le jour de la fête de Proserpine.

Ce jour terrible arriva enfin. Dion était assis dans une chambre basse, où il s'entretenait avec quelques citoyens, qu'il honorait, un peu légèrement, du nom de ses amis. Les conjurés arrivent, & se partagent; les uns se postent aux portes du palais, d'autres se rangent sous les fenêtres; les plus furieux (c'étaient des foldats Zacynthiens) entrent dans l'appartement fans tunique & fans armes ; car ils ne voulaient point laiffer de traces de leur attentat, & fe jettant fur Dion, ils font tous leurs efforts pour l'étouffer. Le Héros fe défendit, mais feul ; car fes prétendus amis, craignant pour leur propre vie, ne firent pas le plus léger mouvement pour le dérober à fes affaffins. Les fcélérats, voyant leurs efforts inutiles, fe déterminèrent à demander, par les fenêtres, un poignard à leurs complices : on leur jetta l'arme fatale, avec laquelle ils égorgèrent leur victime.

Peu après cette fanglante tragédie, les conjurés arrêtèrent la fœur de Dion & fa femme, & les mirent en prifon. La dernière était enceinte ; l'émotion que lui caufa cet évènement terrible, la fit accoucher avant terme, & elle mit au monde, dans un cachot, le fils du libérateur de Syracufe.

Les malheurs de ces héroïnes n'étaient pas encore à leur terme. A peine forties de leur longue captivité, Icétas de Syracuse, corrompu par les amis de la tyrannie, les fit monter sur un vaisseau qui faisait voile vers le Péloponèse, &, dans la route, les fit jetter dans la mer, avec l'enfant au berceau qu'elles allaitaient. Cet Icétas survécut peu à son crime. Peu de tems après, il fut mis à mort par l'ordre de Timoléon.

La fin de Callippe ne fut pas moins tragique. Syracuse s'étant révoltée contre lui, il chercha vainement un asyle dans la plûpart des villes de la Sicile, humiliées de respirer le même air avec l'ennemi des dieux & des hommes. Alors il se retira à Rhège, où il vécut quelque tems pauvre & obscur; mais Leptine & Polysperchon, qui voulaient délivrer la terre d'un pareil scélérat, entrèrent chez lui, & l'assassinèrent du même poignard qui avait ôté la vie au Héros de Syracuse.

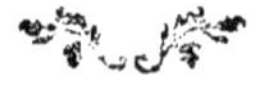

DENYS LE JEUNE

REMONTE SUR LE TRONE DE SYRACUSE (a).

Après l'assassinat de Dion, tous les citoyens, qui, malgré la tyrannie de Callippe, avaient encore le courage d'être patriotes, écrivirent à Platon, pour le consulter sur la forme de Gouvernement qu'ils devaient établir; ce Philosophe leur conseilla de suivre le plan du grand homme qu'ils venaient de perdre, c'est-à-dire de laisser le pouvoir législatif au peuple assemblé, de créer un Sénat permanent de trente-cinq Magistrats, pour maintenir le

---

(a) *Plat.* Epist. lib. 8; *Diod. Sicul.* lib. 16; *Plutarch.* in Timoleon.

dépôt des loix, & de choisir trois Rois, qui, en se surveillant mutuellement, empêcheraient leur pouvoir de dégénérer en tyrannie.

Les trois Rois de la nomination de Platon, étaient Hipparinus, fils de Dion, un autre Hipparinus, frère de Denys, & Denys lui-même. Pendant qu'on balançait les avantages & les inconvéniens de cette nouvelle législation, le second Hipparinus vint, à la tête d'une armée, déployer les étendarts de la tyrannie, chassa Callippe, & régna deux ans dans Syracuse.

Denys lui-même, dix ans après avoir abdiqué le pouvoir suprême, vint le redemander, l'épée à la main, au peuple qui l'avait banni, &, graces aux discordes intestines qui déchiraient la ville depuis la mort de Dion, il le recouvra aussi paisiblement, que s'il n'y avait jamais eu de République dans Syracuse.

Les longs malheurs de Denys semblaient devoir adoucir son caractère;

du moins Platon s'en flattait; il ne savait
pas qu'un Roi, qui n'a jamais été homme,
ne le devient jamais. Denys, qui, dans
le cours de son premier règne, avait regardé ses peuples comme un vil amas
d'esclaves, dans le second les traita comme
des esclaves devenus rebelles; il confisqua
les biens de tout citoyen qui lui faisait
ombrage, exila ceux qui parlaient de la
liberté, & fit mourir ceux qui cherchaient
à la faire revivre.

Les plus hardis des mécontens s'adres-
sèrent alors à Icétas, qui régnait dans Leontium, & le prièrent de venir les délivrer
de la tyrannie de Denys. Ce Prince ne
méritait pas qu'on le mît en parallèle
avec un Héros tel que Dion : il promit,
à Syracuse, de détrôner Denys, mais
dans la vue secrette de le remplacer. Pour
assurer davantage l'impunité de son machiavélisme, il entretint une correspondance criminelle avec Carthage.

Carthage, à cette époque, s'occupait,
avec vivacité, de la conquête de la Sicile.

Lorsqu'elle avait vu le premier de ses trônes occupé par un Prince sans caractère, qui n'avait que la férocité de son père, je ne dis pas son génie, à opposer soit à l'épée des conquérans, soit aux décrets de proscription de ses concitoyens, persuadée qu'elle n'avait plus à craindre de voir renouveller les anciens défastres des Annibal & des Imilcon, elle avait envoyé Magon, avec une flotte puissante, pour commencer la campagne par le blocus de Syracufe.

La Grèce, de son côté, voyait, avec inquiétude, l'agrandissement d'une République qui, n'ayant ni ses principes, ni ses loix, affectait l'empire de la Méditerranée ; mais elle n'osait se mesurer avec elle. Les vainqueurs de Xerxès pouvaient échouer contre des hommes libres. Le péril de Syracufe réveilla une des Puissances Grecques de sa léthargie. Timoléon, un des plus grands hommes de son siècle, fut envoyé de Corynthe avec mille soldats, non pour combattre, mais

pour vaincre les cinquante mille Carthaginois qui étaient fous les ordres de
Magon. Timoléon exécuta l'ordre de fa
patrie ; il vainquit, & ce qui eft bien
plus admirable aux yeux du fage , il
vainquit prefque fans répandre de fang.
La méfintelligence fe mit , par le moyen
de fes émiffaires, entre Magon & Icétas,
un des ennemis de la liberté de Syracufe,
& le premier, qui fe crut trahi par fon
allié, s'embarqua auffi-tôt fur fa flotte,
& fit voile vers l'Afrique.

Il eft tems de faire connaître Timoléon,
qui va jouer un fi grand rôle dans les annales de Syracufe, ou plutôt dans celles
du genre humain.

HISTOIRE

DE

TIMOLÉON (a).

TIMOLÉON, né à Corynthe, d'une famille républicaine, suça, avec le lait, la haine pour les tyrans. Il se distingua de très-bonne heure par ses exploits militaires ; & dans une occasion où Timophane, son frère aîné, abandonné d'un corps de cavalerie qu'il commandait, se voyait entouré d'ennemis acharnés à lui ôter la vie, le jeune Héros s'élança dans la mêlée, couvrit son frère de son bouclier, reçut plusieurs blessures en le dé-

---

(a) Plutarch. in Timoleon.

fendant, & parvint à l'éloigner du champ de bataille.

Ce Timophane ne méritait pas qu'on exposât sa vie pour conserver la sienne. C'était un ambitieux sans génie, qui se croyait né pour jouer le rôle de l'ancien Denys, mais qui n'en avait que la férocité. A force de petites intrigues, de bassesses adroites & d'assassinats, il parvint à dominer dans Corynthe ; alors il leva tout-à-fait le masque, & affecta le pouvoir suprême, à l'exemple des tyrans.

Timoléon, qui aimait sa patrie, & qui n'aimait qu'elle, indigné de la voir dans les fers, s'associe avec deux hommes qui avaient son ame, & va trouver son frère dans la citadelle. Là, il emploie toutes les ressources de l'éloquence la plus persuasive, afin de l'engager à abdiquer un pouvoir qui ne lui appartenait pas ; il embrasse ses genoux pour l'attendrir, il se relève, avec fierté, pour le menacer du courroux d'une nation entière ; le tyran sourit d'abord, avec dédain, sur les larmes de Timoléon ; enſuite il s'emporte à ſes menaces ; le Héros patriote s'écarte alors en ſoupirant, ſe couvre les yeux avec un pan de ſa robe, & à ce ſignal, ſes deux amis s'élancent, l'épée à la main, ſur Timophane, & le font tomber mort à leurs pieds (a).

Les républicains de Corynthe élevèrent juſqu'aux nues le courage de Timoléon ; mais la mère du Héros, qui ſe trouvait flattée d'être la mère d'un Roi, même uſurpateur, vomit, contre lui, les plus horribles imprécations : l'Horace de Rome, dans une pareille ſituation, tua ſa ſœur. Timoléon, plus proche de la nature, dans

---

(a) Diodore prétend que Timoléon aſſaſſina lui-même ſon frère au milieu de la place publique ; mais ce récit m'eſt ſuſpect, parce qu'il convient plus à une ville qui commence, comme Rome ſous les Rois, qu'à une ville telle que Corynthe, dont les mœurs, adoucies par une antique civiliſation, admettent moins de férocité dans les vertus républicaines.

son héroïsme, ne pouvant ramener sa mère, prit la vie en horreur, & résolut de se laisser mourir de faim ; ramené ensuite à des principes moins sauvages, par une philosophie ennemie du suicide, il renonça aux affaires publiques, & alla ensévelir, au fond d'un désert, les chagrins dont il était dévoré.

L'exil volontaire de Timoléon dura vingt ans : pendant ce long intervalle, ses vertus furent toutes perdues pour sa patrie. Au bout de ce tems-là, Corynthe eut besoin d'un républicain, pour abattre la tyrannie en Sicile, & elle donna le commandement de son armée au généreux assassin de Timophane.

Le jour fixé pour l'embarquement, un vieux Magistrat alla trouver Timoléon. « La patrie, lui dit-il, attend tout de » ta bravoure. Si tu réponds à son attente, » elle croira que tu l'as, autrefois, délivrée » d'un tyran : si tu trompes son espoir, » elle ne verra, en toi, que l'assassin de » son frère «.

Quand Timoléon arriva en Sicile, il trouva trois ennemis à combattre, les Carthaginois, qui voulaient subjuguer l'Isle entière, Icétas, le tyran de Leontium, qui venait de s'emparer de Syracuse, & Denys, qui était retranché dans la citadelle. Le Héros commença par se mesurer avec Magon, le Général de Carthage ; nous avons vu comment, avec mille hommes, il vint à bout d'en vaincre cinquante mille. Mais cette journée mémorable ne lui suffisait pas, pour remplir les vues de ses concitoyens & de la Grèce entière.

Pendant qu'il balançait s'il attaquerait la ville de Syracuse, ou sa citadelle, Denys lui envoya des Ambassadeurs, pour remettre la place, où il était retranché, entre les mains des Corynthiens. Cet évènement fixa ses irrésolutions. Il fit filer, la nuit, & par pelotons, quatre cents hommes dans la citadelle, qui s'en emparèrent. Pendant ce tems-là, Denys monta sur un vaisseau, qui était préparé, &, se dérobant à la vigilance d'Icétas, il se rendit au camp de Timoléon.

Timoléon avait promis, à Denys, de respecter sa liberté & sa vie, & sa parole était sacrée, même quand il la donnait à des tyrans. Il lui donna une de ses galères, & le fit partir pour Corynthe.

Ainsi finit la domination des tyrans en Sicile. Denys suivant la supputation chronologique de Plutarque, avait régné dix ans avant que Dion prît les armes contre lui : il entra à Syracuse après la mort de ce grand homme, & il la gouverna encore douze ans. Pendant ces vingt-deux années d'usurpation, il fit de grands maux, sans doute, à ses peuples ; mais l'action terrible du despotisme est toujours accompagnée de la réaction. Denys passa sa vie au milieu des orages politiques, qu'il n'eut ni le talent de prévoir, ni le bon esprit d'éviter. En butte à l'ennemi de l'Etat & à ses concitoyens, odieux à la Grèce entière, il eut encore la douleur de voir, peu à peu, fa race s'anéantir jufques dans fes derniers rejettons. Ceux de fes enfans, à qui il avait fait partager fa tyrannie, moururent fans lui avoir donné une bafe folide. Dans le tumulte des guerres qu'il eut à foutenir, ou des conjurations qu'il eut à étouffer fes fœurs furent violées, fa femme, en proie à tous les outrages d'un foldat effréné, fut poignardée avec fes enfans en bas-âge ; enfin, il fut détrôné deux fois, & ce qui fut le plus fenfible peut être à cet homme, qui avait tant cherché à agiter le monde, il mourut oublié.

Denys, confiné dans Corynthe, n'eut plus la moindre part aux grands mouvemens de la Grèce : fon ame acheva de fe dégrader avec fa fortune ; ainfi fon ambition n'eut plus befoin d'être furveillée par le génie de Timoléon. C'était, au refte, un beau fpectacle pour le philofophie, dit le fage Plutarque, de voir le Prince, qui avait donné fes loix à la Sicile, ravalé, dans fon exil, aux emplois les plus abjects , paffer des journées entières dans la boutique d'un Parfumeur, fe que-'reller , dans les places publiques , avec des courtifannes , ou donner des leçons d'harmonie à des actrices.

Réduit, dans fa vieilleffe , à la plus profonde indigence , il fut contraint , pour ne pas mourir de faim, de fe faire Maître d'école. Cicéron croit qu'il fit choix d'un pareil état, pour ne pas renoncer tout-à-fait à l'habitude de commander (a). Denys vécut long-tems dans cette abjection , & fut ainfi long-tems une leçon vivante aux Rois qui abufent de leur pouvoir. La Grece, qui n'aimait point les Defpotes, n'oublia, fur-tout, jamais ce contrafte étrange , de Denys Souverain de Syracufe , & de Denys Maître d'école ; auffi Philippe ayant écrit, aux Spartiates, des lettres pleines de hauteur, ceux-ci fe contentèrent de

____

(a) *Tufcul.* lib. 3.

lui répondre ce mot plein d'énergie : *Vois Denys à Corynthe.*

Cependant Timoléon, maître de Denys & de la citadelle de Syracuse, était loin encore d'avoir pacifié la Sicile. Icétas, le Souverain de Leontium, lui restait à vaincre, & ce tyran, qui n'osait se mesurer avec le Héros de Corynthe, tenta de l'assassiner.

Deux soldats étrangers, corrompus par l'or d'Icétas, se glissèrent, en effet, dans le camp de Timoléon, & attendirent, pour exécuter leur crime, le tumulte inséparable d'un grand sacrifice. Déja le peuple environnait l'autel, & les conjurés, séparés par la foule, se cherchaient des yeux, pour donner le signal de l'assassinat, lorsque tout-à-coup un inconnu poignarde l'un de ces scélérats, fend la presse, & va gravir un rocher escarpé ; l'autre assassin, croyant le complot découvert, s'élance à l'instant vers l'autel, & embrasse les genoux de Timoléon, à qui il découvre tout le complot d'Icétas. Le Héros s'indigne d'une telle lâcheté, mais pardonne.

Pendant tous ces mouvemens, on amène l'inconnu, qui s'était enfui sur le rocher, & on découvre qu'il n'avait poignardé l'autre conjuré, que par ce que ce scélérat avait, autrefois, assassiné son père dans Leontium. Ce concours singulier d'évènemens parut un prodige aux Grecs, & ils en conclurent, qu'un génie tutélaire veillait à la conservation des jours de Timoléon.

La garnison Corynthienne, qui était dans la citadelle, travaillait, pendant ce tems là, avec activité, à la liberté de Syracuse ; elle se saisit, malgré Icétas, du quartier de l'Achradine, & s'y retrancha. Timoléon, de son côté, ayant reçu un renfort de troupes du Péloponèse, vint faire le siége de la ville, & la prit d'assaut. On prétend qu'il n'y eut, dans cette journée mémorable, aucun soldat tué ni même blessé du côté des vainqueurs. Ce qu'il est difficile de croire, malgré l'autorité de Plutarque , & la haute idée qu'avait l'Antiquité de la bonne fortune de Timoléon.

Le conquérant de Syracuse, incapable de vaincre pour lui-même, à peine maître de la ville , fit publier, à son de trompe , que *tout citoyen , à qui la liberté était chère , pouvait venir , avec des instrumens , abattre la forteresse & tous les antiques repaires de la tyrannie.* A l'instant, Syracuse entière accourt , animée de l'esprit républicain de Timoléon ; on rase la citadelle , on brûle le palais de Denys , & on va , jusques dans les antiques tombeaux des Rois , disperser la cendre de ceux dont l'homme de bien ne chérissait pas la mémoire.

C'est , sans doute , à cette époque , que Timoléon eut l'idée sublime de faire faire le procès aux statues de tous les Souverains de Syracuse. L'Histoire, témoin terrible , quand ce n'est point une plume vénale qui la dirige , la tradition des vieillards , la voix même des étrangers, tout fut confulté dans cette caufe mémorable : le réfultat fut, que la Nation, parmi une foule de tyrans, ne comptait qu'un feul Roi. Auffi-tôt on renverfa, de leurs bafes, toutes ces ftatues orgueilleufes, qui femblaient encore infulter aux hommes qu'elles avaient fait gémir, & on ne conferva que celle de Gélon, qu'on plaça parmi les images des dieux tutélaires de Syracufe.

Timoléon, fur l'emplacement même de la citadelle & des palais qu'on venait de rafer, fit élever un édifice public, deftiné aux affemblées de divers corps de magiftrature ; enfuite, il fit revivre la fameufe légiflation de Dioclès, *mais accommodée aux circonftances*, dit le fage Diodore. Car ce code de fang, s'il n'eût pas été modifié, ne pouvait que rendre plus atroces, des mœurs, qui ne l'étaient déja que trop, par l'habitude d'une longue tyrannie.

Timoléon mit, à la tête de fa nouvelle démocratie, un Magiftrat annuel

qu'il dévoua au fervice de Jupiter Olympien. Le titre, affecté à cette efpèce de
Conful, fut celui d'Amphipole ; le premier citoyen, revêtu de cette dignité,
eft connu fous le nom de Callimène.
Syracufe n'eut qu'à fe louer de ce Magiftrat fuprême, & de ceux qui lui fuccédèrent : auffi, elle data toujours depuis, les époques de fes annales, du nom
de fes Amphipoles.

Syracufe, grace à la grandeur d'ame
de Timoléon, devint donc une République comme Athenes ; mais c'étoit
encore peu pour la gloire de cette métropole de la Sicile ; les guerres, les
diffentions civiles l'avaient, depuis long-
tems, dépeuplée : on lui donnoit des
tribunaux, & elle manquait d'hommes
pour les remplir. Les édifices, abattus
pendant tant de fiéges, n'avaient point
été relevés, l'herbe croiffait dans les
rues, & les foldats y faifaient pâître
leurs chevaux. Timoléon écrivit par-
tout pour faire revenir les exilés ; en

même - tems , les Grecs de l'Afie mineure , du Péloponèfe & de l'Archipel,
encouragés par les priviléges qu'il leur
offrait, vinrent revivifier les ruines de
cette ville infortunée. Peu à peu, il s'y
rendit foixante mille hommes. Alors ,
le Héros fit le partage des terres : quant
aux maifons , il les vendit , laiffant cependant, aux anciens habitans , la liberté
de racheter celles de leurs ancêtres. Par
cette politique , il amaffa un fonds con-
fidérable pour les hommes de bien in-
digens , qui n'auraient pu , fans fes lar-
geffes , foutenir le fardeau de citoyen :
on croit qu'il tira mille talents , un peu
plus de 5,416,666 livres de notre monnaie , de la vente des maifons de Syracufe.

Timoléon , après avoir été le bienfaiteur de Syracufe , voulut l'être de
la Sicile entière ; il força tous les
tyrans des villes du fecond ordre , à
renoncer à la tyrannie ; Leptine , qui
opprimait Apollonie , ayant voulu ré-

fifter, fut vaincu, & envoyé en exil à Corynthe; Icéras fut obligé de renoncer à l'alliance de Carthage, de rafer lui-même fes forterefles, & de vivre, en fimple particulier, dans Leontium.

La Sicile n'ayant plus que des hommes libres dans fon fein, Timoléon les crut dignes de fe mefurer avec une des plus puiffantes Républiques du globe, & il déclara la guerre à Carthage.

Carthage, comme nous l'avons ob-fervé plus haut, avait déja vu cinquante mille de fes foldats, que Magon com-mandait, taillés en pièces par mille guer-riers, au fervice de Timoléon. Cette République, au retour du Général vain-cu, s'en prit à fon inexpérience du triom-phe du Héros de Corynthe, lui fit fon procès, & ne lui laiffa que le choix du fuicide, pour fe dérober à l'ignominie d'être traîné fur un échaffaut : cette poli-tique n'était pas faite pour encourager les fucceffeurs de Magon; auffi les guerres que Carthage eut, dans la fuite, à fou-

tenir, en Sicile, ne firent que multiplier
ses défaftres. Un Amilcar & un Annibal
(qu'il ne faut pas confondre avec le fameux vainqueur de Cannes), ayant paru,
dans cette ifle, à la tête de foixante &
dix mille hommes, furent mis en déroute
par cinq mille Grecs : il eft vrai que cette
poignée de foldats était commandée par
le libérateur de Syracufe. Dix mille Carthaginois reftèrent fur le champ de bataille, leur camp fut pris, & on y trouva
des richeffes immenfes. Alors, la rivale
de Rome s'abaiffa à demander la paix à
cette ville de Syracufe, dont, depuis un
demi-fiècle, elle dédaignait l'alliance.
Timoléon la lui accorda, à condition
qu'elle bornerait fes poffeffions en-deça
d'un fleuve peu éloigné d'Agrigente,
&, fur-tout, qu'elle ne protégerait jamais les tyrans de la Sicile.

Il manquait, au triomphe de Timoléon,
le fupplice de cet Icétas, l'ancien tyran
de Leontium & de Syracufe, qui, n'ayant
pu le vaincre, avait voulu le faire affaf-

finer. Le Héros, tant qu'Icétas garda fes fermens, dédaigna une vengeance facile ; mais dès qu'il le vit entretenir une correfpondance coupable avec les ennemis de la Sicile, foulever les villes libres, & rétablir la tyrannie dans Leontium, il marcha contre lui, le défit, &, s'étant rendu maître de fa perfonne, il le fit périr fur un échaffaut, avec fon fils Eupolème, & Euthyme, le Général de fa cavalerie.

Cependant, (car il ne faut point, par un filence coupable, déguifer les fautes des grands hommes) Timoléon, bientôt après, ternit fa gloire en faifant condamner à mort, par un peuple effréné, la femme & les filles d'Icétas, à qui on ne pouvait reprocher d'autre crime, que d'être nées d'un tyran, ou d'en porter le nom ; crime dont on devrait du moins abfoudre, quand la tyrannie n'eft plus.

Hippon, Defpote de Rhège, partagea enfuite le fort d'Icétas, vaincu par Timoléon ; il fut pris, en mer, par des

Messéniens, qui l'exposèrent, avec ignominie, sur leur théâtre, le battirent de
verges, & le mirent à mort.

Mamercus, le tyran de Catane, n'eut
pas une destinée plus heureuse : voyant
sa ville au pouvoir du Héros de Corynthe,
il se rendit à lui, à condition d'être jugé,
par une assemblée nationale, dans Syracuse. Amené dans cette ville, & conduit
à la place publique, il y prononça une
harangue, qu'il avait préparée de longue
main ; mais, voyant qu'on l'écoutait avec
peine, & jugeant de la haine de la multitude, par ses murmures, il fendit tout-
à-coup la presse, & alla briser sa tête
contre un des degrés du théâtre. Comme
il respirait encore, l'exécuteur l'acheva,
en suspendant son corps, sanglant &
défiguré, à un gibet.

Timoléon avait employé huit ans à
pacifier la Sicile. Ce grand homme resta,
jusqu'à sa mort, dans cette ville de Syracuse, où étaient tous les monumens de
sa gloire : le peuple, en mémoire de ses

grands services, ordonna, par un décret
solemnel, que toutes les fois qu'on ferait
en guerre avec les étrangers, on prendrait
un Général à Corynthe.

Timoléon perdit la vue plusieurs années avant sa mort; il n'en fut pas moins
l'oracle de la République qu'il avait créée;
quand il ne fut plus, le peuple entier
assista à ses funérailles, & lui fit une espèce d'apothéose. On place communément
la mort de ce grand homme, l'an 1245 de
l'Ere de Paros, qui répond à la dernière
année de la cent dixième Olympiade.

COMMENCEMENS D'AGATHOCLE (*a*).

Syracuse jouit vingt ans du fruit des victoires de Timoléon : elle fut tranquille & heureuse pendant ce tems-là ; aussi elle n'a point d'histoire. Ensuite, il s'éleva, du sein de la poussière, un tyran, qui eut le génie de l'ancien Denys, & sa férocité ; alors la Sicile fut de nouveau bouleversée soit par son ambition, soit par ses victoires : ce tyran est Agathocle.

La superstition augurale s'est beaucoup exercée sur l'enfance d'Agathocle ; Cercinus, son père, banni de Rhège, & homme très-obscur, tourmenté, dit-on, par des songes sinistres, pendant la gros-

(*a*) *Diod. Sicul.* lib. 19 & 20, & Fragm. lib. 21 ; *Justin*, lib. 22 ; ces deux Historiens seront nos garants, jusqu'à la mort d'Agathocle.

feſſe de ſa femme, conſulta des devins :
on lui répondit que l'enfant, dont il
allait devenir père, ſerait un jour le
fléau de Carthage & de la Sicile. Cercinus habitait alors dans Thermes, ville
de la Sicile, de la dépendance de Carthage : effrayé de la prédiction, il ſa-
crifia la nature à la patrie qu'il s'était
donnée, & expoſa Agathocle, dans ſon
berceau, mais en chargeant quelques
hommes, non moins ſuperſtitieux que
lui, d'obſerver ce qu'il deviendrait. La
mère d'Agathocle trompa la vigilance de
ces gardes ; elle vint elle même, pendant
la nuit, enlever ſon enfant, & le confia
à la tendreſſe de ſon frère Héraclide.
Agathocle fut élevé par un oncle peu
crédule, comme ſi les Dieux, dès le
berceau, ne l'avaient pas dévoué au
crime, & dès l'âge de ſept ans, il annonça qu'il réunirait un jour la beauté
de Jaſon à la vigueur d'Hercule.

Cercinus n'avait pas attendu, à cette
époque, à ſe repentir d'avoir expoſé ſon fils.

Quand la mère le crut tout-à-fait guéri de ses terreurs augurales, elle lui découvrit son secret, & Agathocle rentra dans la maison de son père. Timoléon, alors, cherchait à peupler Syracuse, qu'il avait délivrée du double fléau de la guerre & de la tyrannie. Cercinus, qui, depuis le retour de son fils, ne voulait plus rien avoir de commun avec Carthage, profita de cette circonstance heureuse; il sortit de Thermes, & vint se faire inscrire parmi les citoyens de Syracuse.

Agathocle perdit son père de bonne heure, & avec lui ses espérances de fortune : il fut obligé, pour vivre, de façonner des vases & des statues d'argile; mais sa beauté le remit bientôt dans la route de la fortune Un des hommes les plus opulens de Syracuse, passant un jour devant son attelier, conçut, à sa vue, des désirs criminels. Il est probable que le jeune statuaire n'eut pas le courage d'être pauvre avec de la vertu; car le protecteur, devenu, dans la suite, Gé-

néral en chef de toute la milice d'Agrigente, donna, à son Antinoüs, le commen-
dement d'une compagnie de mille hommes. Agathocle, après sa mort, épousa
sa veuve, & devint égal, par son opulence, aux petits Souverains de la Sicile.

Agathocle riche, à la tête d'une milice,
qui lui était dévouée, & entouré d'oracles,
qui lui promettaient l'Empire de la Sicile,
alarma aisément l'ambition de tous ceux
qui prétendaient à la souveraineté de Syracuse. Sosistrate, que protégeait Carthage,
& Acestoride, l'homme de confiance de
Corynthe, furent ses ennemis les plus
dangereux ; tous les deux attentèrent à
sa vie, & il fut obligé, une fois, pour
tromper leur fureur, de se couvrir de
haillons, & de laisser assassiner un de ses
esclaves, revêtu de ses habits, & couvert
de son armure. Sa bonne fortune triompha, à la fin, de tous les obstacles, &
il réussit à se faire nommer *Protecteur
de la paix publique*, par les Etats-Géné-
raux de Syracuse.

L'ambitieux, quand il a du génie, attache, à des noms nouveaux, tout le pouvoir qu'il veut s'arroger. Agathocle, Protecteur de la paix publique, leva trois mille hommes, & leur donna rendez-vous au tombeau de Timoléon : là, il s'éleva contre le Tribunal des Six Cents, qui gouvernait alors Syracuse, & les engagea à le renverser. La révolution s'opéra, avec une fureur digne de la soldatesque la plus effrénée. La ville, pendant deux jours & deux nuits, présenta l'image d'une forteresse prise d'assaut. Agathocle commença par faire égorger les Six Cents ; de - là, il se répandit dans les maisons, suspectes de patriotisme, & les abandonna au pillage. A la naissance du tumulte, les premiers citoyens étaient sortis dans les rues, pour en demander la cause. Les soldats, pour toute réponse, les poignardèrent. Il y en eut qui se réfugièrent dans les temples, & qu'on fit mourir aux pieds des dieux impuissans, qu'ils tenaient embrassés. Le sexe, lui-même, ne fut pas

à l'abri des attentats des satellites d'A-
gathocle ; on viola les femmes, sous les
yeux de leurs époux, les filles, sous ceux
de leurs pères, & souvent on finit par
les égorger tous. Quatre mille hommes
périrent dans cette révolution fatale, &
six mille, qui craignaient la même destinée, se sauvèrent à Agrigente.

Agathocle, quand le glaive de la tyrannie fut remis dans le fourreau, convoqua une assemblée générale dans Syracuse. Là, il osa déclarer que c'était en
qualité de Protecteur de la paix publique, qu'il avait fait répandre tant de sang,
il se vanta d'avoir délivré la patrie de
l'oppression où la tenaient ses Magistrats,
& il annonça que, content d'être le bienfaiteur de la Sicile, il rendait, à sa métropole, la paix & l'indépendance. Ensuite, il se dépouilla de son armure, jetta
son épée, & tenta de se confondre dans
la foule, en qualité de simple citoyen.
Tous les fils de cette machine politique
étaient habilement arrangés pour opérer

leur effet : au dénouement de la comédie,
les complices d'Agathocle, qui entouraient son tribunal, le prièrent de ne
point abandonner la patrie dans un inftant où son génie tutélaire pouvait lui
être si utile. L'adroit tyran se refufa
long-tems à leurs inftances, enfin, pa-
raiffant céder à l'importunité, il accepta
le privilége d'indiquer, à fes concitoyens,
le bien qu'ils pouvaient faire ; mais à
condition qu'on ne lui affocierait jamais
de collègue dans un emploi auffi délicat.
Le peuple vit alors qu'on fe jouait de
fa crédulité, mais, fe voyant fans chef,
il plia, & déféra lui même le pouvoir
fouverain à Agathocle.

L'ufurpateur, voyant fon ambition
fatisfaite, fe conduifit d'abord comme
le fage héritier d'un pouvoir légitime ;
il ne ceignit point fa tête d'un diadême,
il ne parut point efcorté d'une garde, il
rendit la juftice avec une grande intégrité : la multitude, qui, dans un long
règne, ne voit jamais que le moment

dont elle jouit, compara bientôt l'af-
faſſin des Six-Cents, à Gélon, & parla
de lui ériger une ſtatue.

EXPÉDITION

CÉLÈBRE

D'AGATHOCLE EN AFRIQUE.

Agathocle, tranquille fur fon trône, & réfléchiffant fur les crimes qui le lui avaient procuré, vit qu'il n'y avait qu'un grand fervice, rendu à la nation, qui pût les expier. Alors, il fongea à chaffer les Carthaginois de la Sicile. La mémoire de leurs anciennes barbaries n'était pas encore effacée, & la haine générale, pour ces déprédateurs, le fervit autant que fon courage.

Les premières hoftilités ne répondirent pas d'abord à l'attente de la Sicile. Agathocle avait forcé les retranchemens Carthaginois, près d'Himère; mais ayant eu l'imprudence d'abandonner, à fes foldats, le pillage du camp, pendant

que sa victoire était encore incertaine,
un nouveau corps ennemi s'était montré
tout-à-coup, &, profitant du désordre,
avait mis, à son tour, en déroute les
Siciliens, qui avaient été cacher leur
ignominie dans les remparts de Syracuse.

Amilcar, qui commandait, à cette
époque, les troupes de Carthage, ne
laissa pas leur ardeur se refroidir, &,
profitant de la terreur générale qu'il
avait inspirée, il alla mettre le siége
devant la capitale de la Sicile.

C'est dans cette circonstance critique,
que le génie d'Agathocle prit tout son
essor. Abandonné de ses alliés, entouré
de citoyens jaloux de sa puissance, ne
commandant qu'à des cohortes fugitives,
que la défaite d'Himère avait découra-
gées, il forma un projet dont dix ans
de victoires auraient à peine palité l'audace; ce fut de descendre en Afrique,
& d'aller faire le siége de Carthage. Le
secret qu'il garda alors, n'est pas moins
étonnant que l'entreprise même; il se

contenta de dire au peuple, de ce ton que prennent les ames fortes, & qui perfuade, qu'il avait un moyen sûr de faire lever le fiége de Syracufe ; enfuite, il donna la liberté à tous les efclaves en état de porter les armes, afin de pouvoir les incorporer à fes troupes ; & prenant, dans le tréfor royal, une fomme modique de cinquante talens, il s'embarqua fur fa flotte, épiant le moment de mettre à la voile.

Le port de Syracufe était alors fermé par une efcadre formidable d'Amilcar, qui croifait non loin de fon enceinte. Dans ce moment parurent en mer des navires Grecs, chargés de vivres pour la capitale de la Sicile. Les Carthaginois firent une manœuvre pour les enlever. Agathocle en profita pour gagner le large. Amilcar, perfuadé que le Roi de Syracufe ne fortait que pour favorifer l'entrée du convoi, rangea fes vaiffeaux pour livrer le combat, mais Agathocle, loin de fecourir les Grecs, cingla, en haute mer, par une route oppofée. Les Carthaginois, étonnés & inquiets, fe partagèrent, & pourfuivirent à la fois la flotte & le convoi ; mais cette double proie leur échappa. Agathocle fe mit hors de la portée d'Amilcar, & les Grecs entrèrent dans Syracufe.

Agathocle, arrivé fur la côte d'Afrique, s'ouvrit à fon armée : ,, Mes amis, ,, l'inftant d'être libres eft arrivé : vous ,, n'avez fait, jufqu'ici, que vous agiter ,, vainement avec vos chaînes. C'eft ,, maintenant qu'il faut fapper l'arbre de ,, la tyrannie par le pied. Que vous im,, porterait de vaincre les Carthaginois ,, fur vos propres foyers ? Cette hydre ,, de déprédateurs renaît fans ceffe fous ,, le fer qui la mutile. Voici le repaire ,, d'où partent ces ennemis du genre hu,, main, pour troubler la paix des mondes. ,, C'eft ici qu'il faut les frapper ; portez ,, le fer & la flamme dans ce repaire de ,, bêtes féroces, & la moitié de la terre ,, eft à vous.

» Le feu qui anime vos regards, vos
» boucliers qui se heurtent, vos cris de
» joie dont les airs retentissent, tout
» m'annonce que la confiance que j'a-
» vais en votre valeur, n'est pas trom-
» pée. Oui, je vous mène à Carthage;
» c'est en renversant cette métropole su-
» perbe de l'Afrique, que je veux faire
» lever le siége de Syracuse.

» Au reste, si cette entreprise, que
» je ne crois que grande, paraît encore
» téméraire à ceux qui ne l'ont pas
» formée, qu'ils songent que le succès
» la justifie; les dangers les plus émi-
» nens qui nous menaçaient, ne sont
» plus; nous avons échappé à la flotte
» d'Amilcar & à la fureur des mers;
» il ne nous reste qu'à assiéger, dans
» de vains remparts, une multitude
» énervée par le luxe, & en proie aux
» horreurs de l'Anarchie. A peine paraî-
» trons-nous aux pieds de ces remparts,
» que les Africains, qui portent impa-
» tiemment le joug de Carthage, s'uni-

» ront à nous pour le fecouer. L'au-
» dace feule fuffira pour nous ouvrir
» les portes de la ville ; vous y entre-
» rez, l'épée à la main, & vous y jouirez
» de cet amas de richeffes, amoncelées
» depuis tant de fiècles, & le fruit des
» larmes & du fang de la moitié de
» l'univers «.

Ce difcours échauffa les Siciliens. Ils
fe croyaient déjà les maîtres de Carthage ; une feule chofe faifait encore
balancer ceux qui étaient moins guerriers, qu'efclaves des Prêtres ; c'était une
éclipfe de foleil, arrivée précifément
à leur départ. Agathocle tira parti, en
homme d'État, de ce phénomène, que
fa faible phyfique ne pouvait expliquer.
Il dit à fes foldats que ces défaillances
de la lumière, préfageaient de grandes
révolutions dans les Empires, & qu'ainfi
les dieux leur annonçaient, par l'éclipfe
de foleil, la chûte de Carthage. La
fuperftition n'oppofa rien à ce raifon-
nement d'Agathocle.

Cependant, l'ardeur des Siciliens pouvoit n'être que l'effet de l'enthousiasme du moment. Le Roi, qui comptait plus sur son génie, que sur leur constance, résolut de les mettre dans la nécessité de vaincre ou de mourir. Tout-à-coup il parut, à la tête de son camp, la couronne en tête & revêtu d'une robe destinée pour la pompe des sacrifices : » Mes amis, s'écria-t-il, lorsque je » quittai le port de Syracuse, me voyant » entouré de dangers, poursuivi par » Amilcar, harcelé par les vents con- » traires, j'implorai les divinités tuté- » laires de la Sicile, & je leur promis, » si jamais j'abordais en Afrique, de » brûler, en leur honneur, tous les » vaisseaux de ma flotte. Venez avec » moi accomplir mon vœu ; que la » flamme embrase ces navires consa- » crés ; le Ciel, qui nous protège, saura » bien nous ouvrir, dans le besoin, le » sein des mers, & nous dédommager » d'un si faible sacrifice «.

A ces mots Agathocle, une torche à la main, s'avance, en inspiré, vers le vaisseau amiral, & y met le feu. Le soldat l'imite, & en un instant toute la flotte est consumée. Cependant, le premier moment du délire superstitieux passé, lorsque cette multitude, revenue à elle-même, se mit à réfléchir sur les suites de cet incendie, & que, mesurant des yeux la vaste étendue des mers qui la séparait de sa patrie, elle vit qu'elle s'était ôté la dernière ressource qui pouvait lui rester, après une défaite, un silence morne & sombre succéda aux élans impétueux de sa joie. Agathocle ne laissa pas ces germes de révolte fermenter dans des têtes indociles, &, quittant le rivage de la mer, il commença tout de suite la conquête de l'Afrique.

Les Carthaginois, qui croyaient le Roi de Syracuse occupé à la défense de sa capitale, étaient bien loin de soupçonner une pareille descente ; aussi les villes, devant lesquelles les Siciliens se préfentèrent , fe trouvant fans défenfe , fe rendirent prefque fans combattre. Telle fut , en particulier , Tunis , une des clefs de la République.

Tous ces fuccès d'Agathocle , jettèrent la plus grande confternation dans Carthage ; comme on n'avait , dans cette capitale , aucune nouvelle d'Amilcar , on fe perfuada que fon armée avait été taillée en pièces , & fa flotte détruite fous les murs de Syracufe. Cependant , l'ennemi s'approchait à grandes journées , & on n'avait point de troupes à lui oppofer. Le peuple , entaffé dans les places publiques , implorait le fecours de fes Magiftrats , & les Magiftrats , plus troublés encore , ne favaient ordonner que de vains facrifices. La grandeur du danger , ouvrit enfin les yeux aux citoyens de cette ville immenfe , & ils s'armèrent au nombre de quarante mille hommes ; le Sénat y joignit mille chevaux avec deux mille chars armés en guerre , & on donna le commandement de cette armée à Hannon & à Bomilcar ; les deux Généraux sortirent de Carthage , & allèrent au-devant d'Agathocle , qui avait à peine treize mille soldats à ses ordres. La bataille se donna , & , comme on s'en doute aisément, les treize mille soldats défirent les quarante mille citoyens de Carthage. Hannon, dès le premier choc , fut investi par les Siciliens , & tomba mort, percé de coups. Il eût été facile à Bomilcar de rétablir le combat , *mais , dit l'Histoire, il avait des raisons secrettes pour ne pas procurer la victoire à sa patrie.* Il donna le signal de la retraite, & rentra, en désordre, dans Carthage.

La défaite de Bomilcar porta, à son comble , la terreur des Carthaginois ; mais ce n'est pas avec de la fermeté , avec du courage , avec du patriotisme, qu'ils tentèrent d'éloigner le fléau qui les menaçait ; ils étaient alors trop subjugués par les Prêtres , pour songer à être des hommes. Saturne, depuis quelque tems, ne voyait qu'un sang vil couler fur fes autels ; au lieu de porter, dans les bras de fa ftatue embrafée, les enfans des Sénateurs & des Suffètes, on leur fubftituait de jeunes efclaves, dont on achetait la mort à prix d'argent. Ce fubterfuge de la tendreffe paternelle, fut repréfenté par les impitoyables Miniftres de Saturne, comme un attentat contre la religion ; & pour l'expier, on immola, à ce Dieu du mal, deux cents enfans des premières familles de la ville. C'eft par ces affaffinats religieux, que Carthage fe mettait en devoir de repouffer Agathocle.

L'Hiftoire ajoute à ce fait atroce, une circonftance bien étrange ; c'eft que trois cents citoyens, qui fe fentaient coupables du crime de n'avoir point abjuré, par piété, le titre de père, s'offrirent eux-mêmes en facrifice à l'Arimane de Carthage. Un pareil dévouement, s'il a exifté, eft unique dans les annales du fanatifme.

Sur ces entrefaites, Amilcar reçut,

devant Syracufe , des nouvelles de la defcente d'Agathocle en Afrique ; mais par une rufe de guerre que fa politique ne trouvait point criminelle , ce Général répandit le bruit que les Carthaginois avaient défait leur ennemi & détruit fa flotte. Pour confirmer ce fait , il fit jetter , fous les remparts de la ville qu'il affiégeait , les ferremens des navires qu'Agathocle avait brûlés en l'honneur de Proferpine. Le ftratagême eut fon effet. Déja on parlait , dans Syracufe , de capituler , lorfqu'une galère à trente rames , envoyée par le Roi lui-même , entra dans le port, & donna des nou-velles plus fûres de l'expédition d'A-frique De ce moment , la face des affaires changea. Amilcar leva le fiége, & ce Général , quelque tems après , étant tombé vif entre les mains des Siciliens, ceux-ci le firent périr fur un échaffaud, & envoyèrent fa tête à Agathocle.

Cette tête infortunée d'Amilcar, af-fronta , dit-on , fans fe corrompre , le

foleil brûlant de l'été, dans le trajer de
Syracufe à Carthage , & arriva fi re-
connaiffable encore, qu'Agathocle la fit
rouler dans le camp des ennemis, pour
les inftruire, d'une manière effrayante,
de leurs défaftres en Sicile.

Tout concourait à perdre Carthage ;
les crimes de fon vainqueur la fauvèrent. Agathocle avait engagé un Roi de
Cyrène à fe liguer avec lui , pour la
liberté de l'Afrique ; mais à peine le
Monarque était - il entré dans le camp
Sicilien , pour ratifier le traité, que le
tyran de Syracufe l'avait fait affaffiner.
Cette perfidie fit un tort irréparable à
Agathocle ; elle détruifit tout l'effet de
fes victoires. Dès - lors l'Afrique ne vit
plus en lui un libérateur, mais un ennemi né des hommes, & elle l'abandonna à fa deftinée. Agathocle, en proie
à fes remords, alla en Sicile , revint
en Afrique, trouva par-tout des obfta-
cles à fes brigandages, & perdant la
tête, il finit par prendre honteufement

la fuite, laiſſant ſes enfans en proie à la vengeance de ſes troupes, qui les maſſacrèrent ; pour les ſoldats, privés de leur chef, ils furent paſſés au fil de l'épée par les Carthaginois, ou devinrent leurs eſclaves.

Telle fut l'iſſue de cette expédition mémorable, qui avait commencé d'une manière ſi brillante pour Agathocle. Carthage triompha, mais par ſon bonheur plutôt que par ſon courage, & ce triomphe même, aux yeux d'une ſaine politique, renfermait le germe de ſa décadence.

CRUAUTÉS D'AGATHOCLE.

SON EMPOISONNEMENT.

AGATHOCLE, quand on lui eut déféré le pouvoir suprême dans Syracufe, affecta un moment la plus grande modération ; mais il ne faut pas faire honneur à fon cœur, de l'ouvrage de fa politique ; auffi ce tigre, altéré de fang humain, revint bientôt à étancher fa foif naturelle. Diodore offre une foule de traits de fa férocité. Et quoique de pareils tableaux fatiguent la plume de l'Hiftorien, il faut favoir facrifier fa fenfibilité à l'inftruction des hommes :

Quand le tyran fongea à porter le foyer de la guerre en Afrique, il fentit que, chargé du fardeau de la haine publique, à peine aurait-il quitté Syracuse, qu'on proscrirait sa tête. Pour prévenir la révolution, il employa le machiavélisme le plus ingénieux, mais aussi le plus atroce : il commença par prendre des otages dans toutes les familles suspectes ; ensuite, sous prétexte de subvenir aux frais de la guerre, il ruina les citoyens qui pouvaient faire servir leur opulence à fomenter les troubles ; à cet égard, tous ses moyens furent sans délicatesse : il taxait, au gré de sa haine, les pères de famille, il exigeait des femmes leurs pierreries & leurs bijoux ; il prenait les biens des orphelins entre les mains des tuteurs, disant que pour les rendre, il attendait leur majorité : quand il vit la ville entière soulevée par ces déprédations, il indiqua une assemblée générale ; là, dans une harangue insidieuse, il gémit sur les maux inévitables qu'entraînait une guerre dont les succès étaient partagés, & après avoir annoncé que l'Amiral de Carthage s'avançait, avec une flotte formidable, il conseilla, à tous les ci-

toyens qui voulaient se dérober aux horreurs d'un siége, de se retirer à la campagne avec leurs effets. Les riches, qui
voulaient sauver les débris de leur fortune, donnèrent dans le piége. mais à
peine furent-ils hors de Syracufe, que
le tyran mit à leur pourfuite fes fatellites, qui les égorgèrent.

La férocité d'Agathocle trouva encore
un nouvel aliment dans les horreurs de
la guerre qu'il porta en Afrique. On ne
peut penfer qu'avec effroi à fon ftratagême terrible pour s'emparer d'Utique.
Il avait fait prifonniers, dans une irrup-
tion imprévue, trois cents citoyens de
cette ville. Au moment où le fiége commença, il fit approcher du rempart une
tour roulante, garnie d'hommes de traits,
& ordonna qu'on attachât, aux créneaux,
les trois cents prifonniers. La pofition des
afliégés ne pouvait être plus affreufe ; il
fallait, s'ils ne fe défendaient pas, qu'ils
laiffaffent l'ennemi s'emparer du rempart,
ou s'ils voulaient le repouffer avec leurs

flèches, qu'ils devinssent les meurtriers de leurs propres concitoyens. Le patriotisme l'emporta sur le cri de l'humanité, & une grêle de traits vint fondre sur la tour fatale ; il y eut plusieurs de ces infortunés, dont le corps, percé de part en part, par les flèches de leurs parens ou de leurs amis, restèrent cloués contre les créneaux. Au reste, cet horrible carnage ne sauva point Utique. La ville fut prise d'assaut, tout ce qui se défendit fut passé au fil de l'épée, & les Magistrats périrent sur le bûcher.

La fin malheureuse de l'expédition d'Afrique, aigrit encore l'ame féroce d'Agathocle. Arrivé, contre toute espérance, en Sicile, avec les débris de son armée, il voulut mettre à contribution Egeste, une ville alliée ; pendant que les habitans s'assemblaient, en tumulte, pour délibérer sur une demande aussi étrange, le tyran supposa qu'ils conspiraient contre lui, & en tira une vengeance digne des Cambyse & des Phalaris ; il commença

par faire fortir des remparts ceux dont
le peu de fortune ne pouvait fuffire à
fes brigandages , & dès qu'ils furent
arrivés fur le bord du fleuve Scaman-
dre, il les fit tous paffer au fil de l'épée.
Pour les riches, ils furent long-tems à
defirer la mort, avant de l'obtenir; prefque
tous furent appliqués à la queftion , pour
arracher d'eux la connaiffance de leurs
tréfors : on froiffait les uns entre deux
roues , on fufpendait les autres à des
gibets élevés, & on les faifait fervir de
but aux gens de trait , pour éprouver
leur adreffe. Agathocle imagina , contre
les citoyens qu'il haïffait le plus , un
fupplice affez femblable à celui du taureau de Phalaris. C'était un lit d'airain,
entouré d'une grille, qu'on embrafait par
degrés ; il y avait un rafiniment de férocité dans cette horrible invention ; car,
du moins, la victime était cachée dans
le taureau de Phalaris; au lieu qu'ici, la
grille laiffait voir, aux fpectateurs, tous
les mouvemens convulfifs de l'infor-

tuné , & toutes les nuances de son
désespoir.

Les femmes d'Egeste ne furent pas à
l'abri de la barbarie d'Agatocle : il y en
eut à qui il fit briser la cheville du pied
avec des instrumens de fer , d'autres dont
ses satellites arrachèrent le sein , quelques - unes dont ils chargèrent le ventre
avec des pierres de taille , pour les faire
avorter ; pendant que le tyran , ainsi que
le dieu du mal jouissait des maux &
des imprécations de ses victimes , les
autres citoyens proscrits , à l'approche
des bourreaux, s'étranglèrent, ou mettant
les feu à leurs maisons, s'y brûlèrent. Il
ne restait plus , dans Egeste , qu'un petit
nombre de jeunes gens des deux sexes.
Agathocle ordonna qu'on les vendît sur
les côtes de l'Italie , il fit prendre
ensuite le nom de Dicepolis à une ville
qui ne renfermait plus que des témoins
muets de sa barbarie , & il la donna ,
pour l'habiter , à un vil amas de trans-
fuges & d'esclaves.

Je me hâte d'arriver aux dénouement de ces sanglantes tragédies, qui font regarder avec horreur les personnages, & en pitié les spectateurs. Agathocle, après la mort de son fils, ayant pris en haine tous les soldats qu'il avait laissés en Afrique, envoya ordre à Antandre, son frère, qu'il avait nommé, en son absence, Vice-Roi de Syracuse, de faire égorger, sans exception, tous les parens des gens de guerre qui l'avaient suivi devant Carthage. Antandre avait l'ame de sang d'Agathocle, & il tenta de faire, de la métropole de la Sicile, une seconde Egeste. Non-seulement il fit périr les pères & les frères des guerriers qui avaient eu part à l'expédition d'Afrique, mais encore leurs aïeux, quoique parvenus, sans crime, au dernier terme de la vie, & leurs enfans à la mammelle ; les femmes mêmes, qui tenaient aux proscrits par quelqu'alliance, furent enveloppées dans le carnage ; tous ces infortunés furent exécutés non loin du port,

& les eaux de la mer parurent teintes de fang, à une grande diftance du rivage.

Agathocle, en horreur à fes peuples, aux étrangers, à lui-même, eut quelques momens le deffein d'abdiquer la tyrannie; mais il en fut détourné par Dinocrate, un de fes Généraux, qui le trahiffait, & à qui cependant il n'ôta jamais fa confiance; il continua donc encore, pendant un grand nombre d'années, à inonder de fang humain toutes les avenues du trône. Enfin, le poifon vint expier tant de crimes, & le genre humain fut vengé.

Le républicain qui délivra la Sicile de fon tyran, n'avait ni le génie, ni la grandeur d'ame des Brutus & des Ariftogiton. C'était un jeune infortuné, nommé Ménon, arraché au défaftre d'Egefte, fa patrie, que fa grande beauté avait fait paffer dans le ferrail du vainqueur; encore fa main timide, & peu faite au crime, eut-elle befoin d'être

armée par la famille même d'Agathocle.

Agathocle avait un fils de même nom
que lui, à qui il voulait faire paſſer ſon
trône après ſa mort. Archagate, ſon
petit - fils, alors Commandant de ſes
armées, qui prétendait à cette ſucceſſion
brillante, chercha à rompre le projet du
prochain couronnement, par un double
parricide. Il invita ſon rival à une fête,
l'enivra, & l'étrangla de ſes propres mains;
en même-tems, il dépêcha un courier à
Ménon, ſon ami, pour l'engager à em-
poiſonner le vieil Agathocle. Le vil
Antinoüs avait préparé, depuis long-
tems, une plume qu'il avait trempée
dans le poiſon le plus violent. Le
Monarque, à la fin d'un repas, ayant
demandé à nettoyer ſes gencives, le favori profita de la circonſtance, & préſenta la plume fatale. Le poiſon fit ſon
effet, & en peu d'heures le corps du
tyran tomba en pourriture; il reſpirait
encore, mais ne pouvait parler, quand

on le porta fur le bûcher. Ainfi, le poifon & le feu fe réunirent pour fon fupplice.

A peine fçut-on la mort d'Agathocle, que le peuple, devenu libre, alla piller fon palais, & brifa fes ftatues; ce monftre avait opprimé la Sicile pendant vingt-huit ans, & en avait vécu foixante & douze.

HISTOIRE

DE

LA SICILE,

JUSQU'AU RÉGNE DU

SECOND HYÉRON (a).

Archagate ne jouit pas long-tems du fruit de ses parricides. Ménon, qui était venu lui demander un asyle, l'assassina, & profitant ensuite de l'ascendant que son éloquence & sa beauté lui donnait sur l'esprit des soldats, il tenta de régner lui-même dans Syracuse.

(a) *Justin*, lib. 18, 22 & 23 ; *Plutarch.* in Pyrh. *Dionys. Halicarn.* in Excerpt. Valef.

Cependant, la Sicile devait peu se glorifier d'être sortie des mains d'un tyran, pour tomber dans celles d'un Ganymède. Icétas, qui vit le mécontentement des peuples, s'arma contre Ménon, le vainquit, quoiqu'il eût appellé Carthage à sa défense, & lui succéda ; son règne fut de neuf ans, je dis son règne, parce que l'Histoire veut qu'il affectât tout le despotisme des Denys & des Agathocle, quoique sous le titre modeste de Préteur de Syracuse.

Au bout de cet intervalle, Icétas ayant été obligé de se rendre à Agrigente, pour appaiser une révolte, Ténion profita de son absence pour usurper le pouvoir suprême, qui lui fut presqu'à l'instant disputé à lui-même par Sosistrate. Ainsi, une guerre civile, des plus dangereuses, s'alluma dans Syracuse.

Quand les deux rivaux, fatigués de se combattre, sans qu'une victoire complette décidât de leur destinée, virent que tôt ou tard les peuples les sacrifieraient à leur vengeance, ils appellèrent, de concert, Pyrhus en Sicile. Mais cette invasion fut fatale aux Carthaginois, sans amener la paix dans Syracufe.

Pyrhus avait quelques droits à l'héritage d'Agathocle, parce qu'il avait époufé Lanaffa, fille de ce tyran. Il entra en Sicile à la tête d'une armée, qui s'était exercée, avec fuccès, contre les Romains, & fubjugua, avec la rapidité de l'éclair, toutes lespoffeffions Carthaginoifes, à l'exception de Lilybée, dont il fit le fiége ; malheureufement fes grandes deftinées l'appellant en Italie, il fut obligé de s'y rendre. A peine eut-il traverfé le Détroit, qu'il perdit toutes fes conquêtes ; on dit qu'en s'embarquant, fes regards fe tournèrent vers la Sicile, & qu'il s'écria : *Oh ! le beau champ de bataille que nous laiffons-là à Rome & à Carthage*, & cet oracle politique fut vérifié par l'évènement.

RÈGNE

DU

SECOND HYÉRON (*a*).

Pyrhus n'avait été qu'un moment Roi de la Sicile. Syracufe, qui n'aimait pas ce Prince, parce qu'ayant le génie de Gélon, il n'avait montré que le defpotifme d'Agathocle, auffi-tôt après fon départ pour l'Italie, plaça Hyéron à la tête de fes forces de terre & de mer, pour fe mettre un jour à l'abri de la vengeance de Carthage.

Hyéron II était de la maifon de Gélon, le fondateur du trône à Syracufe. Comme

(*a*) *Juftin*, lib. 23 ; *Polyb*. lib. 1.

fa mère était efclave, Hyéroclès, fon père, qui ne voulait point de tache dans fa nobleffe, le fit expofer à fa naiffance : quelques pâtres, qui rencontrèrent l'enfant, le nourrirent de miel ; ce qui amena le conte, qu'il avait eu des abeilles pour nourrices. La fuperftition augurale s'empara bientôt de cette tradition : elle annonça qu'un enfant, fauvé de la mort par des abeilles, ne pouvait qu'être deftiné aux grandes chofes. Alors la crédulité ramena Hyéroclès aux fentimens paternels, & reprenant Hyéron dans fon berceau, il l'éleva, avec foin, comme le futur Héros de la Sicile.

Hyéron fe diftingua de bonne heure par fa bravoure : Pyrhus, qui connaiffait les hommes, avait, pour lui, une eftime réfléchie, & quand il apprit qu'il lui fuccédait, il regretta moins d'avoir laiffé échapper le trône de la Sicile.

Ce furent les foldats qui déférèrent les premiers le pouvoir fuprême, mais fans le titre de Roi, à Hyéron. Les Magiftrats en parurent d'abord jaloux, mais le Prince mit tant d'art à fe concilier les efprits que fon élection illégitime fut bientôt confirmée ; cependant fon ambition n'était pas fatisfaite. Il voulait le titre de Roi, & il l'obtint par un de ces traits d'audace fanguinaire, que la politique Romaine appellait des coups d'Etat, & que l'Hiftoire des Hommes appelle des crimes.

C'était une faction de foldats étrangers qui l'avaient élevé, dans l'origine, à la dignité dont il était revêtu ; comme cette milice remuante pouvait dépofer le Souverain qu'elle s'arrogeait le pouvoir de faire, voyant du danger à la licentier, il réfolut de la détruire, & il le fit avec un machiavélifme digne des Denys & des Agathocle. Des brigands de la Campanie, fous le nom de Mamertins, s'étaient emparés de Meffine, après en avoir égorgé les habitans. Hyéron, fous prétexte de pacifier la Sicile, marcha contre les ufurpateurs de Meffine. A la vue des remparts, il divisa son armée en deux corps : dans l'un, il plaça les soldats de Syracufe, & dans l'autre, les étrangers. Les Mamertins, qu'on avait peut-être prévenus, firent une fortie, taillèrent en pièces la feconde divifion, fans que l'autre fît le moindre mouvement pour marcher à fon fecours, & Hyéron, après cet exploit de tyran, rentra tranquillement dans Syracufe.

Cependant, les Mamertins, fiers de leurs premiers fuccès, fe répandaient dans la Sicile, pour la dévafter. Hyéron, qui n'avait plus que le fang de l'ennemi à répandre, marcha contr'eux, les battit dans les plaines de Myle, & fit leurs Généraux prifonniers. L'enthoufiafme national ne mit alors aucune borne à fa reconnaiffance, & le Général vainqueur fut nommé Roi de Syracufe.

La victoire d'Hyéron engagea les Mamertins à fe donner à Rome, & le nouveau Roi, à faire alliance avec Carthage; ce qui amena la première guerre Punique, &, par contre-coup, la destruction de la Monarchie de Syracuse.

La première invasion des Romains en Sicile, fut marquée par de grands succès. Le Consul Appius Claudius vainquit Hyéron, & le força à demander la paix : le traité ne fut pas aussi humiliant pour Syracuse, que la fierté Romaine aurait pu l'exiger. On se contenta de l'obliger à renvoyer les prisonniers, sans rançon, & à payer cent talents pour les frais de la guerre. Hyéron eut la bonne politique de rester, depuis cette époque, l'allié des Romains ; par ce moyen, il conserva la paix dans ses Etats, & ce qui le flattait peut-être encore plus, la couronne sur sa tête.

L'intervalle de vingt-cinq ans, qui s'écoula entre la première & la seconde guerre Punique, donna occasion à Hyéron de déployer quelques vertus pacifiques ; il veilla au maintien des loix, il réprima, sans despotisme, l'ambition des corps intermédiaires, & montra tant

d'adresse

d'adreſſe dans l'art de gouverner les eſprits, que, pendant un règne de plus
d'un demi-ſiècle, il ne s'éleva pas une
ſeule ſédition dans Syracuſe.

Un des grands talens d'Hyéron, pour
rendre ſes peuples heureux, fut d'encourager, parmi eux, l'agriculture : il
ne dédaigna pas d'employer ſes loiſirs à
approfondir la théorie de ce premier des
arts, & il écrivit même un Traité ſur
ce ſujet, long-tems eſtimé par la Rome
des Céſars. Pline, à qui nous devons
ce fait, comptait quatre Souverains dont
les ouvrages ſur l'agriculture avaient été
tranſmis juſqu'à ſon ſiècle : c'étaient avec
le Monarque de Syracuſe, Ptolemée
Philometor, Attale & Archelaüs (*a*).

Hyéron, pour achever d'être le bienfaiteur de ſon pays, modifia la légiſlation
terrible de Dioclès, & ſes inſtitutions
furent trouvées ſi ſages par les Romains,

(*a*) *Hiſtor. Natur.* lib. 18, cap. 3.

qu'ils les confervèrent, après la conquête de Syracufe.

La paix profonde dont Hyéron jouit pendant vingt - cinq ans, le rendit un des plus riches Monarques de l'Europe. On peut en juger par la magnificence de fes préfens envers Rome, qui ne les paya jamais que par les éloges renfermés dans fes Sétatus-Confultes ; peu après la défaite de cette République à Trafimène, le Roi de Syracufe fit partir, pour l'aider dans fes défaftres, une flotte entière, chargée de vivres, & montée de troupes auxiliaires. Les Ambaffadeurs apportaient, en outre, au Sénat, une ftatue de la Victoire, d'or maffif, & du poids de trois cents vingt livres (a) ; à fuppofer la livre de deux marcs, & l'or au titre des monnaies actuelles, cette ftatue vaudrait aujourd'hui 460,800 livres ; Rome répondit

____

(a) *Victoriam auream pondo trecentùm viginti*, dit Tite-Live, lib. 22.

qu'elle avait déja refusé plusieurs fois de l'or des Puissances alliées, mais qu'elle acceptait celui d'Hyéron , à cause de l'augure favorable que présentait la statue de la Victoire.

Hyéron envoya aussi cent talents aux insulaires de Rhodes , pour réparer leur colosse du Soleil , qu'un tremblement de terre venait de renverser , & il ne voulut d'autre monument de leur reconnaissance , qu'un grouppe de statues , représentant le Peuple de Rhodes , couronné par celui de Syracuse (*a*).

La plus grande gloire d'Hyéron , aux yeux des siècles , est d'avoir , pour ainsi dire , créé , par ses encouragemens , le génie d'Archimède ; mais la vie de ce Géomètre célèbre sera plus à sa place dans l'histoire de la conquête de la Sicile par les Romains.

Hyéron vit la fin de sa carrière empoi-

____

(*a*) *Polyb.* lib. 5.

fonnée, par les chagrins que lui caufa Gélon, fon fils, qui avait époufé une fille de Pyrhus, & que tourmentait le defir de gouverner; ce Prince dénaturé ne mourut cependant que fils de Roi; au moment où il foulevait la Sicile, où il armait Carthage en fa faveur, il périt de mort naturelle, mais fi à propos, qu'il s'éleva de violens foupçons que fon père l'avait avancée. Hyéron lui furvécut peu. Sa mort arriva à l'âge de quatre-vingt-dix ans, dont il en avait régné cinquante-quatre. Son trône paffa, à l'inftant, à fon petit-fils Hyéronyme.

TYRANNIE

ET

MEURTRE D'HYÉRONYME.

RÉVOLUTION DANS

SYRACUSE (a).

Hyéronyme fortait à peine de l'ado-
lefcence, quand il monta fur le trône de
Syracufe. Loin de pouvoir foutenir le
fardeau du Gouvernement, à peine pou-
vait-il porter celui de fa propre liberté;
fon aïeul, en mourant, l'avait mis fous
la tutelle de quinze tuteurs, à la tête
defquels étaient Zoïppe & Andranadore,

(a) *Tit.-Liv.* lib. 23 & 24.

ses gendres, & il leur avait recommandé de maintenir à leur pupille l'alliance des Romains, comme l'unique sauve-garde du trône. A peine le vieux Monarque eut-il rendu les derniers soupirs, qu'on présenta, au peuple de Syracuse, le testament qui confiait, au Conseil des Quinze, l'administration pendant la minorité ; mais l'ambition d'Andranodore rompit bientôt les mesures de la sage politique d'Hyéron. Il déclara, peu de jours après le couronnement, que le jeune Roi était en âge de gouverner par lui même, & il écarta ainsi ses collègues des avenues du trône. Pour lui, en feignant d'abdiquer un pouvoir très-affaibli par le partage, il le retint tout entier pour lui même.

Quand Hyéronyme aurait été un Prince modéré & juste, il aurait eu encore beaucoup de peine à n'être pas écrasé, aux yeux de sa Nation, par la gloire de son prédécesseur ; mais il sembla affecter, par ses vices & ses travers, de rendre la perte d'Hyéron plus douloureuse : dédaignant

l'aimable fimplicité de fon aïeul, il fe
montra, dans Syracufe, vêtu de pourpre,
le front ceint d'un diadême, & entouré
de gardes. Sa vie achevait de contrafter
avec celle du Prince que la Sicile venait
de perdre. Les portes de fon palais ne
s'ouvraient qu'à des courtifannes & à des
eunuques, & la dégradation de fes organes,
flétris avant leur développement, paffa
bientôt jufqu'à fon intelligence.

Les cris d'indignation des Siciliens fe
firent entendre autour du trône, & Hyéronyme y répondit à la façon d'Agathocle, c'eft-à-dire en faifant couler le
fang à torrens. La terreur que cette
conduite infpira, fut telle, que quel-
ques-uns de fes tuteurs prévinrent, par
un exil volontaire, ou même par le fuicide, la honte de périr fur un échaffaut.

L'excès de la tyrannie amena l'excès
de l'amour de l'indépendance, c'eft-à-
dire les confpirations : celle de Théodore
eft une des plus fingulières dont l'Hiftoire
ait confervé le fouvenir. Ce républicain,

trahi par un esclave d'Hyéronyme, qu'il avait voulu faire entrer dans le complot, fut arrêté & mis à la question. Jamais la violence des tourmens ne put arracher de lui le nom d'un seul conjuré; à la fin, feignant de céder à la douleur, il nomma la plûpart des amis du tyran, & entr'autres, Thrason, son favori. Tous ces hommes vils, qui n'avaient point attenté à la vie d'Hyéronyme, mais qui étaient coupables du crime bien plus grand d'avoir corrompu ses mœurs, & d'avoir calomnié la Nation devant lui, furent, à l'instant, conduits au supplice. Pour les vrais conjurés, aucun d'eux ne songea à prendre la fuite, ni même à se cacher : tant ils avaient de confiance dans le courage héroïque de Théodote.

Thrason, initié dans la politique du dernier règne, craignait les Romains, & soutenait les Syracusains dans leur alliance; à sa mort, le lien de la concorde entre les deux peuples se trouva rompu, & Hyéronyme conclut un traité avec

Annibal, qui accéléra la deſtruction de ſa Monarchie.

Cependant la conjuration de Théodote n'était rien moins qu'étouffée par la mort du chef. Les ennemis de la tyrannie s'aſſemblèrent dans Leontium, où Hyéronyme, qui voulait fonder les villes protégées par une garniſon Romaine, s'était rendu à la tête de ſon armée ; là, ils s'aſſurèrent d'une maiſon inhabitée, dont la façade donnait ſur une rue étroite, que le Roi traverſait d'ordinaire, quand il allait à la place publique. Dinomène un d'entr'eux, qui était attaché à la perſonne d'Hyéronyme, trouva un prétexte pour arrêter la marche de l'eſcorte, à l'approche de la maiſon fatale : de ſorte que le tyran ſe trouva à une grande diſtance de ſes gardes, quand les conjurés parurent : il n'eut pas le tems de ſe mettre en défenſe, & on l'étendit mort, frappé de pluſieurs coups de poignard. Les gardes, voyant leur zèle inutile, ſe diſperſèrent, & les conjurés ſe partageant, allèrent, les uns dans la place publique de Leontium, pour faire approuver la révolution à la multitude, & les autres jufqu'à Syracufe, pour prévenir les effets de la vengeance d'Andranodore.

Malheureufement la mort du tyran n'entraîna pas la chûte de la tyrannie. La maifon royale fut inftruite de la tragédie fanglante de Leontium, avant que les conjurés puffent en amener le dernier dénouement; auffi, dès qu'ils arrivèrent à Syracufe, ils trouvèrent qu'Andranodore s'était emparé du quartier de l'ifle & de la citadelle.

Le Sénat, qui n'avait pas été convoqué une fois fous le dernier règne, s'affemble fur ces entrefaites, pour prévenir une guerre civile, & fomme Andranodore, au nom de la Nation, de rendre les places où il commande. Le factieux balançait, mais fon époufe, Démarate, fille d'Hyéron, le tira à part, & lui dit, que quand on s'était une fois affis fur le trône, il fallait y refter, ou favoir mourir.

Le conseil de cette femme superbe lui ôta sa timidité , & il lui promit, en l'embrassant, de périr Roi de Syracuse.

Cependant, le danger croissait sans cesse, & comme le complot n'était pas encore à sa maturité, Andranodore feignit, pour le moment, de se soumettre. Dès le lendemain, à la pointe du jour, il ouvrit les portes du quartier où il s'était fortifié , se rendit , sans armes, dans la place publique , & , se plaçant sur les degrés de l'autel de la Concorde, il remercia les assassins d'Hyéronyme d'avoir rendu la liberté à leur pays : ensuite, il abdiqua son pouvoir, & rentra chez lui en qualité de simple citoyen.

Cette comédie politique fut si bien jouée, qu'elle trompa jusqu'à la défiance des plus zélés républicains. La multitude remercia Andranodore de son patriotisme , & le nomma Préteur de Syracuse , avec les principaux des assassins d'Hyéronyme.

Andranodore, au comble de ses vœux,

crut qu'il était tems d'abandonner la feinte, & prit des mesures pour usurper la
couronne ; mais ayant eu la témérité de
s'ouvrir à un Acteur tragique, nommé
Ariston, celui-ci dénonça le factieux aux
autres Préteurs, qui n'osant le citer devant le peuple, le firent assassiner.

Le complot d'Andranodore fut exposé
au peuple, par les Préteurs, avec toutes
les circonstances capables de le lui rendre
odieux ; aussi regarda-t-on universelle-
ment le meurtre du factieux comme un
acte de patriotisme ; mais la vengeance
nationale ne se borna pas là. La multitude, dont le caractère est de servir avec
bassesse, ou de dominer avec insolence,
enveloppa, dans une proscription odieu-
se, toute la famille royale. Des satellites
furent envoyés, au palais d'Andranodore,
pour y égorger Démarate : Harmonie,
autre Princesse du sang d'Hyéron, subit le
même sort, & tant d'exécutions n'assou-
virent pas la fureur des nouveaux démocrates.

Il y avait une fille d'Hyéron, nommée Héraclée, que ce Prince avait mariée à Zoïppe, un des tuteurs d'Hyéronyme; Zoïppe ayant été envoyé en ambassade auprès de Ptolemée, la Princesse resta en Egypte, comme dans un exil volontaire. Instruite que des assassins, aux gages de sa patrie, venaient l'égorger, elle se réfugia dans la chapelle de sa maison, &, à genoux sur les marches de l'autel, elle attendit que des sacriléges vinssent violer son asyle; ses deux filles se tenaient derrière elle, dans un état capable d'attendrir les cœurs les plus impitoyables. Les portes s'enfoncent. Les épées étincellent; alors Héraclée, fondant en larmes, conjure les assassins de ne point la confondre, malgré son innocence, avec les complices des fureurs d'Hyéronyme & d'Andranodore; elle leur prouve que tout le fruit qu'elle a recueilli du dernier règne, est l'exil de son époux & le désastre de sa famille: mais les satellites des tyrans, ainsi que leurs maîtres, n'ont ni cœur , ni oreilles. Déja une épée se lève pour frapper. La Princesse, à force de malheurs, reprenant tout son courage : » Eh bien , dit-elle , prenez » votre victime, mais du moins épargnez » les derniers rejettons de la race de vos » Rois; le sexe de ces infortunées , & » encore plus , leur âge, doit rendre leur » personne sacrée pour tout ce qui se glo- » rifie d'être homme ; laissez-moi périr » seule, avec la douce espérance que vous » n'imiterez point les barbaries dont on » vous a fait les vengeurs «.

Héraclée parlait encore, quand les mons- tres l'arrachent du pied des autels & l'é- gorgent; ils se jettent ensuite sur les Prin- cesses , toutes couvertes du sang de leur mère. Celles-ci se dérobent un moment à leurs bourreaux, franchissent l'enceinte de la chapelle , & parcourent, avec légé- reté , tous les appartemens ; les assas- sins les poursuivent les enveloppent, & les percent de mille coups. Une circons- tance rendit le tableau de ce meurtre encore plus déchirant pour les ames fen- sibles ; c'eft qu'à peine était-il exécuté, qu'il vint un ordre de Syracufe, qui ré- voquait l'arrêt de mort des deux jeunes Princeffes. Les meurtriers furent même fur le point d'être punis, pour n'avoir pas laiffé, à un peuple impétueux, mais humain, le tems du remord.

Cependant, les Préteurs de Syracufe commençaient à aliéner, par leurs vio- lences, l'efprit de la multitude : on s'ap- perçut que les meurtriers d'Hyéronyme n'avaient abattu la tyrannie d'un Defpote, que pour lui fubftituer celle d'un corps d'Ariftocrates. Alors, afin de contreba- lancer leur pouvoir, on s'avifa de leur donner, pour collègues, Hippocrate & Epycide, deux Carthaginois qu'Annibal avait envoyés en Sicile, pour la défendre de l'invafion des Romains. Cette mau- vaife politique amena la deftruction de Syracufe.

Les deux nouveaux Magiftrats com- mencèrent par cabaler fourdement pour livrer la ville, où ils commandaient, à Annibal ; enfuite, l'un d'eux ayant été envoyé à Leontium, avec un corps de quatre mille hommes, ofa, au moment où l'on tenait des conférences pour la paix avec les Romains, commettre des hoftilités autour des villes où ceux - ci tenaient garnifon. Marcellus fe plaignit, mais ne put obtenir juftice ; il fit alors le fiége de Leontium, & s'en empara : Hippocrate & Epycide fe fauvèrent avant le dernier aflaut, & au moment ou les autres Préteurs, voulant les punir de la rupture avec Rome, donnaient ordre de les charger de fers, ils trouvèrent moyen de foulever l'armée, à la tête de laquelle ils entrèrent, en vainqueurs, dans Syracufe.

Cette nouvelle révolution coûta encore beaucoup de fang à la République. Les deux Carthaginois envoyèrent égorger tous ceux de leurs collègues qui tenaient le parti des Romains, avec leurs parens & leurs amis, & la nuit feule mit fin

au

au carnage. Le lendemain, on rendit la
liberté aux efclaves , on ouvrit les portes
des prifons , & cette multitude confufe ,
déféra , mais toujours fous le nom républicain de Préteurs, le pouvoir fuprême
à Hippocrate & à Epyside.

Cependant, Marcellus différait encore
de punir Syracufe de l'infraction des traités : ce fameux Romain vint camper ,
avec fon armée , auprès du temple de
Jupiter Olympien , fitué à quinze cents
pas de la ville ; & avant de commencer
le fiége , il envoya des Ambaffadeurs à
la République , pour la ramener à une
politique plus conforme à fes vrais intérêts. Mais les deux Préteurs Carthaginois,
craignant l'afcendant que l'éloquence de
ces Miniftres de paix pouvait prendre fur
la multitude , les empêchèrent d'entrer
dans la ville , & leur donnèrent audience
hors des portes ; il y eut beaucoup de
hauteur dans les plaintes des Romains ,
& une ironie amère dans la réponfe des
Repréfentans de Syracufe. Le réfultat fut

tel , que la politique la plus vulgaire pouvait le preſſentir. Hypocrate & Epycide, rentrés dans leurs remparts, envenimèrent , aux yeux du peuple , les diſcours ſuperbes des Ambaſſadeurs , & ceux-ci, de retour au camp des Romains, déterminèrent Marcellus au ſiége de Syracuſe.

Fin du Tome VII de l'Hiſtoire de la Grèce.

TABLE

DES CHAPITRES.

SUITE DE L'HISTOIRE DE LA GRÈCE.

Fin de la Table des Chapitres.